FAMÍLIA EMPRESÁRIA
GUIA DE BOAS PRÁTICAS DE GOVERNANÇA FAMILIAR

Editora Appris Ltda.
1.ª Edição - Copyright© 2023 da autora
Direitos de Edição Reservados à Editora Appris Ltda.

Nenhuma parte desta obra poderá ser utilizada indevidamente, sem estar de acordo com a Lei nº 9.610/98. Se incorreções forem encontradas, serão de exclusiva responsabilidade de seus organizadores. Foi realizado o Depósito Legal na Fundação Biblioteca Nacional, de acordo com as Leis nos 10.994, de 14/12/2004, e 12.192, de 14/01/2010.

Catalogação na Fonte
Elaborado por: Josefina A. S. Guedes
Bibliotecária CRB 9/870

M527f
2023

Mello, Priscilla
    Família empresária : guia de boas práticas de governança familiar / Priscilla Mello, Maria Helena Pugliesi. - 1. ed. - Curitiba : Appris, 2023.
    135 p. : il. color. ; 23 cm.

    Inclui referências.
    ISBN 978-65-250-4299-2

    1. Empresas familiares – Administração. 2. Empresas familiares – Sucessão. I. Pugliesi, Maria Helena. II. Título.

CDD – 658.041

Appris editora

Editora e Livraria Appris Ltda.
Av. Manoel Ribas, 2265 – Mercês
Curitiba/PR – CEP: 80810-002
Tel. (41) 3156 - 4731
www.editoraappris.com.br

Printed in Brazil
Impresso no Brasil

Priscilla Mello

Maria Helena Pugliesi
Ghost Writer

FAMÍLIA EMPRESÁRIA
GUIA DE BOAS PRÁTICAS DE GOVERNANÇA FAMILIAR

FICHA TÉCNICA

EDITORIAL	Augusto Vidal de Andrade Coelho
	Sara C. de Andrade Coelho
COMITÊ EDITORIAL	Marli Caetano
	Andréa Barbosa Gouveia (UFPR)
	Jacques de Lima Ferreira (UP)
	Marilda Aparecida Behrens (PUCPR)
	Ana El Achkar (UNIVERSO/RJ)
	Conrado Moreira Mendes (PUC-MG)
	Eliete Correia dos Santos (UEPB)
	Fabiano Santos (UERJ/IESP)
	Francinete Fernandes de Sousa (UEPB)
	Francisco Carlos Duarte (PUCPR)
	Francisco de Assis (Fiam-Faam, SP, Brasil)
	Juliana Reichert Assunção Tonelli (UEL)
	Maria Aparecida Barbosa (USP)
	Maria Helena Zamora (PUC-Rio)
	Maria Margarida de Andrade (Umack)
	Roque Ismael da Costa Güllich (UFFS)
	Toni Reis (UFPR)
	Valdomiro de Oliveira (UFPR)
	Valério Brusamolin (IFPR)
SUPERVISOR DA PRODUÇÃO	Renata Cristina Lopes Miccelli
ASSESSORIA EDITORIAL	Nathalia Almeida
REVISÃO	Marcia Cristina Cordeiro
	Pâmela Isabel Oliveira
DIAGRAMAÇÃO	Andrezza Libel
CAPA	Julie Lopes

Este livro é dedicado à memória de todos os meus antepassados, em especial ao meu avô, Wilson Sabio de Melo, que me inspirou e, com certeza, contribuiu para me tornar a pessoa que sou hoje.

Dedico também aos meus pais, Antônio Carlos Mazzante e Regina Consuelo de Luca e Melo. Sem essa união cósmica eu não estaria aqui hoje. Obrigada por me darem a base e me provocar a encontrar meu lugar no mundo. À minha mãe, quero homenagear ainda, por todas as suas dores e dúvidas em vivenciar a ascensão de nossa família empresária.

Para meus filhos, Matheus de Melo Rheda e Mariah de Melo Paludetto Silva, que me acompanham e vivem de perto as agruras e alegrias de nascer, crescer e provavelmente morrer bebendo desta fonte familiar.

Aos pais dos meus filhos, por me permitir ter uma família tão amorosa e diferente do convencional, bem como ao Gilberto Antônio Trigo Polizio, companheiro e apoiador nesta jornada da vida, que após muito caminhar, me conforta e acalma.

Agradeço a equipe Defamilia e a todos que de alguma forma ajudaram a escrever esta história.

Por fim, minha eterna gratidão aos que fizeram parte da história da Samello.

AGRADECIMENTOS

Sem a ajuda e a dedicação de muitas pessoas, a ideia de colocar minha experiência em um livro continuaria apenas em meus sonhos para o futuro. Gostaria de agradecer a todos que o ajudaram a se tornar realidade.

Sou especialmente grata ao João Marcos Varella, ao Ricardo Guimarães, à Marina Massi, à Cristiane Mamprin, à Ana Luiza Isoldi, à Fátima Farias, ao Renato Costa, à Fabiana Feferbaum, ao Henrique Trindade, à Sandra Papaiz, ao Renato Kenji Nakaia e ao Museu da Imigração.

PREFÁCIO

Priscilla Mello registra neste livro várias dimensões: sua experiência como herdeira numa família empresária; sua bagagem profissional, orientando famílias empresárias; nos dá exemplos práticos de histórias de famílias; e nos ensina sobre Governança Familiar.

Ela manifesta também suas ideias, visão de mundo e faz análises opinativas, expressando-se com liberdade. Esta leitura é uma oportunidade de conhecer a dinâmica da intimidade de uma família empresária e sua repercussão nos negócios.

Priscilla apresenta como as famílias evoluem, se organizam e podem superar seus desafios. Demonstra como os conceitos de Governança Familiar podem apoiar as famílias para melhor harmonia, bem-estar e na gestão do patrimônio.

Ao desenvolver esses conceitos, a autora demonstra seu domínio das características das famílias empresárias, além de sua competência empreendedora ao direcionar sua experiência para um negócio sofisticado, focado no desenvolvimento de famílias empresárias.

Priscilla desenvolve o conceito de Governança Familiar, processo pelo qual a família elabora um modelo de governo próprio, exclusivo e adequado às suas circunstâncias. Construído a partir da força das relações familiares e de sua própria história.

Nesse processo, a família reconhece sua própria identidade, o seu legado, e aprende a perceber e conciliar as diferenças entre seus membros em relação aos seus interesses, necessidades, vocações, talentos, opiniões, pensamentos e sentimentos.

Um passo importante é a família elaborar, planejar e conciliar visões do futuro, preservando o patrimônio e a tranquilidade da atual e das futuras gerações.

A Governança Familiar desenvolve solução para o complexo desafio da sucessão. Considera as emoções envolvidas, mediando as relações familiares, e põe atenção no patrimônio da família muito além do foco da gestão do negócio.

O processo de Governança Familiar destaca a importância de um Conselho de Família, estimulando as decisões em conjunto e a prática do planejamento estratégico. Essa atividade proporciona o desenvolvimento da maturidade dos membros da família.

O livro mostra ainda, os caminhos seguros para validar os recursos da Governança Familiar. Muito além da habilidade conceitual, o entendimento de famílias empresárias é fruto de uma prática prolongada e da combinação de análise e intuição.

Quem conhece Priscilla Mello aprecia sua capacidade de comunicação. É uma habilidade que está sustentada pela sua atenção aos *feedbacks*, disposição para uma atenta escuta e pela observação das evidências, associada à sensibilidade para entender a diferença entre as pessoas e a força das relações familiares.

Neste livro, ela mostra como as famílias empresárias podem aliar sucesso empreendedor com harmonia familiar.

João Marcos Varella
Psicoterapeuta e conselheiro de famílias empresárias

APRESENTAÇÃO

SAMELLO: A SAGA DE UMA FAMÍLIA QUE NUNCA DESISTIU

A história dessa, que foi uma das mais importantes indústrias de calçados do Brasil, começa com José Sábio Garcia.

Nascido em Granada, Espanha, em 1873, migrou para o Brasil com 22 anos, em 4 de outubro de 1894, fugindo da guerra que seu país declarara contra Marrocos.

Seus pais, com medo de que o filho fosse chamado para o combate, convenceram uns vizinhos, que já estavam de viagem marcada para terras brasileiras, de levar o jovem junto com eles.

José, muito triste por ter deixado a família, desembarcou no Porto de Santos com documentos falsos, uma vez que estava proibida a saída de súditos espanhóis para outros países, com idade entre 20 e 25 anos.

Em sua nova identidade, constava o nome Luiz Silvas, idade: 36 anos, órfão, profissão: lavrador.

De trem, em vagões que mais pareciam gaiolas, José chegou a São Paulo e foi direto para a Hospedaria dos Imigrantes, no bairro do Brás.

Não demorou muito para que a família que ele acompanhava fosse contratada por um fazendeiro da cidade de Batatais. Assim, seguiram por dois dias de viagem até a fazenda, recebidos hostilmente por jagunços armados.

Tratados como os escravos negros, a comida lhes era servida dentro de cochos, sem talheres e na maior imundice. Para dormir, apenas uma rala esteira de palha sobre o chão duro de terra batida. Um tratamento impensável para ele, que vinha da Europa, onde esse tipo de acolhida não existia.

Exausto física e psicologicamente, após algum tempo, José resolveu fugir com um companheiro para a cidade. Depois de andar quilômetros sob forte chuva, foram recebidos por um vendeiro português, que cedeu seu paiol para os rapazes descansarem. O senhor também indicou um espanhol doceiro, que talvez pudesse ajudá-los.

O primeiro emprego formal de José foi como vendedor de doces, contudo os salários mais altos nas linhas ferroviárias da Companhia Mogiana, em Uberlândia, o atraíram. Foram árduos meses de trabalho braçal, em zonas inóspitas, úmidas, infestadas de insetos e com alimentação inadequada à sua constituição física corpulenta. Convencido de que a vida em estradas de ferro não era para ele, José muda-se para Ribeirão Preto, casa-se com uma moça da cidade e dá início à sua vida de lavrador de café.

Novamente o destino lhe deu mais dissabores do que conquistas. Enganado por fazendeiros, terras inférteis, o preço cada vez menor da safra do café e condições paupérrimas de moradia entristeciam e adoeciam a família do jovem imigrante. Em 1906, já com quatro filhos e depois de muitas mudanças de cidade, o patriarca aceita um trabalho mais burocrático numa fazenda cafeeira, também em Ribeirão Preto.

Sentindo-se mais forte fisicamente e com o estímulo e a mão de obra dos filhos maiores, em 1918 José passa a cuidar de 6 mil pés de café. Dessa vez foi uma forte geada que o fez perder toda a plantação, obrigando-o a se mudar para Conquista, município de Uberaba.

Ali, tentou cultivar alho, em seguida arroz, mas as chuvas também naufragaram seu intento. Depois de passar um bom tempo hospitalizado, vítima da Gripe Espanhola, José conseguiu arrendar um pequeno lote para plantar hortaliças. Vendo o esforço do incansável pai de família, o dono da fazenda oferece-lhe uma pequena lavoura de café e, finalmente assim, o persistente imigrante espanhol começa a prosperar.

Com melhores posses, aconselha seu filho mais velho, Miguel, a ir aprender a profissão de sapateiro em Franca. Sim, o estudo dos filhos era prioridade para José. Ele sempre se arrependeu de não ter frequentado regularmente a escola. Se tivesse ouvido seu pai na juventude, teria um ofício que, com certeza, facilitaria sua vida. Agora, faria de tudo para que seus herdeiros pudessem ter uma formação.

DAS AGRURAS DE JOSÉ PARA AS CONQUISTAS DE MIGUEL

Cumprindo o desejo do pai, Miguel Sábio de Mello, em 1921, com 18 anos, vai para Franca aprender o ofício de sapateiro. Morava e trabalhava na sapataria de Horácio de Lima. Depois de três anos, vendo que pouco espaço tinha para se desenvolver, ele se muda para a cidade de Cristais Paulista.

Ali, vai trabalhar na oficina da família Flausino, onde enamora-se pela jovem Edúlia Ferreira Nunes. Apaixonados, logo pensaram em casar, mas os pais da moça fizeram oposição. Miguel, apesar de esforçado, passava longe do homem de posses sonhado por eles para a filha. Inconformada com a negativa dos progenitores, Edúlia resolve morar com uma tia. Na verdade, ela esperava que a distância abrandasse o coração dos pais. Passado um tempo, a mocinha escreveu para a mãe pedindo que ela fosse ajudar nos preparativos do casamento e levasse sua roupa de missa, pois essa seria seu vestido de noiva.

A mãe não só rejeitou o convite como ainda, num ato de repreensão, enviou para a filha o traje usado em velórios. De temperamento enérgico, Edúlia não se abalou. Em março de 1925, ela casa-se vestida de preto com Miguel e faz um juramento: só iria ver os pais novamente quando ela e o marido estivessem bem de vida. Um estímulo e tanto para ambos lutarem com garra por muitos anos pelo sucesso profissional.

Pouco tempo depois do casamento, os noivos voltam para Franca. É nessa cidade que nascem seus oito filhos: Wilson, Edite, Miguel Filho, Osvaldo, Orlando, Wanderlei, Wagner e Edulinha, que faleceu aos 6 anos de intoxicação alimentar.

Edulinha e Wagner com o avô José Sábio Garcia.

Disposto a prosperar, Miguel emprega-se em outra oficina de calçados e, à noite, junto com a mulher, fabrica chinelos por conta própria para vender nas fazendas da região. A matéria-prima vinha de um aterro, onde as fábricas de sapatos descartavam seus resíduos. Miguel resgatava os retalhos de couro, Edúlia lavava, tratava e tingia, e ambos confeccionavam os pares.

Com o salário e o dinheiro das vendas, o jovem pai de família conseguiu reunir o bastante para criar sua empresa. Nascia assim a Samello, em fevereiro de 1926. Mesmo ano do nascimento de seu primeiro filho. A fabriqueta contava com mais três empregados: um oficial sapateiro e dois aprendizes. Em quatro anos, o negócio cresceu tanto que foi preciso transferir as instalações para uma fábrica maior. Agora, eram mais de 500 pares produzidos diariamente.

Miguel mesmo operava as máquinas, que agilizavam seu negócio, e fazia questão de inspecionar os calçados, para que chegassem ao mercado com alto padrão de qualidade. Porém faltava-lhe algo. Determinado e lembrando-se dos conselhos do pai sobre a importância do estudo, em 1934 matriculou-se numa escola noturna para aprender a ler e escrever corretamente. A partir daí, tornou-se mais confiante no progresso da empresa.

Enquanto isso, a Samello foi prosperando, e os filhos do casal, recebendo boa educação escolar. Já era hora de Edúlia rever os pais. Afinal, como ela gostava de frisar, todas as suas crianças tinham sapato, prova que eles estavam bem melhor de vida.

Primeira turma de funcionários da Samello. Entre as crianças, estão filhos de Miguel e de trabalhadores, que brincavam pela fábrica durante o expediente.

A ERA WILSON SÁBIO DE MELLO

Por ser o filho mais velho, Wilson, avô de Priscilla Mello, autora deste livro, foi o primeiro a trabalhar com o pai. Os demais iam conforme atingiam a idade. Apenas a filha mulher não seguiu a regra, como era costume na época: casada, passou a ser sustentada pelo marido.

Wilson sempre foi preocupado com o bem-estar da família. Ainda jovenzinho, quando a mãe lavava roupa para fora para ajudar o marido nas despesas, ele também quis contribuir. Com um tabuleiro apoiado no pescoço, ia pelas ruas de Franca vendendo doce puxa-puxa. A partir dos 9 anos, começou a passar suas férias escolares na fábrica do pai. Curioso e trabalhador, logo se inteirou no ofício de sapateiro, sem jamais abandonar os estudos. Aos 20 anos, formou-se contador no Ateneu Francano de Ensino e aos poucos foi tomando a frente nos negócios.

Família Sábio de Mello na década de 1940: os pais Miguel e Edúlia, ladeados pelos filhos mais velhos, Edite e Wilson. Os menores, da esquerda para direita, Miguel, Osvaldo, Orlando e Wanderlei.

Sob sua tutela, a fábrica, que até 1947 fabricava 600 pares de calçados por dia, passou para 1.500. Seis anos depois, Wilson transformou o empreendimento do pai em Calçados Samello S.A, e em 1956 constrói a emblemática matriz da empresa, cujo prédio existe até hoje em Franca.

Nessa época, Miguel, o fundador da empresa Samello, resolve enviar os filhos Miguelzinho e Oswaldo aos Estados Unidos para trabalharem na indústria calçadista e aprenderem a tecnologia do Mocassim. O modelo era revolucionário, pespontado à mão, não usava pregos, o que o deixava macio, flexível e leve.

Deu certo, ambos voltaram para Franca com o conhecimento necessário. Patentearam o tipo de costura e por 30 anos a Samello foi a única a produzir no Brasil os confortáveis mocassins, adorados pelos brasileiros, já cansados de machucar os pés com os famigerados preguinhos dos demais tipos de sapato. Sem dúvida, um grande salto para a marca.

Na empresa, o filho Orlando administrava o financeiro, Oswaldo cuidava do desenvolvimento de produtos, e Wanderley, do departamento de vendas.

Docksides: criação da Samello que revolucionou a moda dos calçados no Brasil.

A EXPORTAÇÃO

Visionário, Wilson implantou grande desenvolvimento no Grupo Samello. Para ele, não havia obstáculo que impedisse o progresso da marca. Por isso, tomou a decisão de adquirir máquinas nos Estados Unidos.

Tamanho arrojo despertou em alguns de seus colaboradores o desejo de empreender. Wilson tinha orgulho disso, tanto que quando um funcionário o procurava dizendo que estava pronto para abrir seu próprio negócio, ele era o primeiro a apresentá-lo ao gerente do banco para facilitar o empreendimento.

E, assim, a cidade de Franca foi crescendo, até se tornar o polo do calçado masculino no Brasil.

Por esses tempos, as vendas no país iam de vento em popa. Era necessário agora viajar para os Estados Unidos para se aventurar a exportar os calçados brasileiros.

Wilson sonhava em ser o primeiro exportador de calçado do Brasil, preferencialmente para os Estados Unidos. Foi então que teve a ideia de aprender o idioma. Contratou uma senhora americana, que na época morava em Franca, para lhe dar aulas e reforçava o aprendizado com idas diárias ao cinema para assistir a filmes falados em inglês.

Ele estava dominando razoavelmente o idioma, quando os aparelhos de TV começaram a fazer sucesso nos Estados Unidos. Com o pretexto de mostrar ao pai o inédito artefato, ambos vão para Nova York e passam horas na fila de um bar na Broadway para ver de perto a tão famosa TV.

Com isto, o desejo de exportar seus produtos para os USA se intensifica.

Wilson começou a colocar seu plano em ação. Procurou o pessoal da Cole Haan e ofereceu uma parceria. Essa dinâmica e moderna marca americana de calçados masculinos e femininos tinha o perfil exato que ele queria para estar atrelada à Samello.

Sem conhecer ninguém, lá foi Wilson se apresentar no escritório central da empresa. A secretária sorriu e pediu para que ele aguardasse. O expediente terminou, mas ninguém o atendeu. Desistir não fazia parte de sua vida, por isso, por dias a fio, o produtor brasileiro de calçados compareceu no mesmo endereço. Chegava cedo, trazendo rosquinhas, *croissants* e bombons para a recepcionista, e tomava aquele chá de cadeira. Até que, em uma manhã, finalmente o chefe do escritório encontrou um tempo para escutá-lo.

O senhor olhou o portfólio de produtos da Samello e, sensibilizado pela determinação do jovem empresário, passou-lhe uma missão quase impossível: daria uma semana de prazo para Wilson fabricar no Brasil determinados modelos da empresa. Se os calçados apresentassem qualidade, ele se comprometia a fechar negócio.

A volta a Franca foi agilizada, e dias depois, a fábrica estava a todo vapor, executando a encomenda. Virando noites, as amostras ficaram prontas, e Wilson retornou com os produtos impecáveis. Cumprindo a palavra, Cole Haan comprou a produção e por muitos anos foi um dos maiores clientes da Samello, terminando a parceira só quando a empresa foi vendida para a Nike.

Para atender às expectativas da conceituada marca americana, Wilson passou a adquirir o seu próprio couro e sola de borracha. Dessa forma, garantiu a qualidade dessas matérias-primas e melhor acabamento aos calçados. Para tanto, comprou o Curtume Progresso, no qual Miguel Filho foi presidente até seu falecimento. Já as solas de borracha vieram com a aquisição da MSM Produtos para Calçados. Essa fábrica, de prestígio nacional, existe até hoje, sob a presidência de Wagner.

A partir daí, a Samello deslanchou no mercado internacional, reforçado pelo sistema de gestão *Total Quality Control*, e no mercado interno também, sendo a primeira no Brasil a veicular uma propaganda colorida de calçados. Com o crescimento do grupo, novos negócios foram atrelados, como fazendas e redes de lojas próprias e franqueadas.

Wilson Sábio de Mello entre a filha Regina Consuelo de Luca e Melo e a esposa Antonieta de Luca e Melo, durante premiação do Industrial do Ano, em Franca, SP, 1985.

OS DESAFIOS DE SER FILHA ÚNICA DE UM GRANDE LÍDER

Regina, filha única de Wilson, mãe de Priscilla, tinha duas opções: ser dona de casa ou trabalhar nos negócios da família. Como cresceu vendo a Samello prosperar, nada mais natural do que ingressar na empresa, pois queria cuidar do que era seu, mesmo que isso não fosse compatível com sua vocação. Infelizmente, por ser membro de uma família machista, em que a mulher não era vista como uma futura sucessora, e sim como uma futura herdeira, ela não tinha muitas escolhas dentro da companhia.

Passou por vários cargos e posições, mas como era uma artista nata e muito criativa, o lugar que mais se identificou foi no desenvolvimento de produtos. Apesar de atuar nessa área por longos anos, nunca conseguiu dar a vazão que queria à sua criatividade.

Por ser ela e uma prima as únicas mulheres da sua geração, ambas tinham sempre cargos inferiores, além de diferença salarial em relação aos homens. Por meio de sua experiência, incentivou a filha Priscilla a estudar e ser o que quisesse ser.

FILHA ÚNICA DE UMA HERDEIRA ÚNICA

Assim, aos 16 anos Priscilla faz cursinho em Ribeirão Preto e ingressa em Engenharia de Produção, mas sendo reprovada em cálculo, muda sua trajetória e cursa Publicidade e Propaganda na Fundação Cásper Líbero, em São Paulo. Anos mais tarde, ingressa no MBA do ITA/ESPM, em Gestão de Empresas, e supera com louvor o fato de ter declinado da Engenharia.

Mesmo longe da Samello, Priscilla percebia que 14 herdeiros atuando como diretores e gerentes sinalizavam que a qualquer momento o negócio familiar poderia desmoronar. Era muito cacique para pouco índio. Nessa época, havia apenas reuniões executivas, nas quais ninguém trazia ideias novas ou colocava questões sobre a família. Incomodada com o modelo de negócio da empresa e insatisfeita com o cargo de assistente de marketing, entende que para poder administrar o patrimônio que lhe cabia, um cargo gerencial não era o ideal. Precisava, sim, ter uma visão do todo, por isso decide se focar no entendimento macro da companhia.

É durante esse período que Wilson falece, em 1998, deixando como herdeiras diretas uma única filha e uma única neta. Priscilla sabia desde muito cedo que fazia parte desse jogo, agora era hora de saber jogar. Segundo a Teoria do *Flow* (divulgada na década de 1970, pelo psicólogo Mihaly Csikszentmihalyi), só se encontra num estado de fluxo quem tem a experiência e as habilidades necessárias para lidar com o problema em questão. Portanto, só com conhecimento de causa é possível lidar livremente com o desafio. Caso contrário, somos dominados pela angústia, pelo sentido de inferioridade e pelo menosprezo.

Muitas vezes, em reuniões para tratar dos negócios de família, quem não tem domínio técnico das questões da empresa sai arrasado, questionando-se qual o seu papel naquilo tudo.

Priscilla, influenciada pela mãe, foi estudar nos Estados Unidos, na Universidade de Berkeley, Califórnia. Especializou-se em Planejamento Estratégico e surpreendeu-se como o conhecimento científico corroborava o que ela intuitivamente já supunha. Agora, embasada no que aprendeu, voltou ao Brasil e se dedicou a estruturar o planejamento estratégico da Samello, algo que nunca tinha sido feito. Dessa forma, ela pôde ter uma visão macro da empresa.

SOB NOVO COMANDO – A SUCESSÃO

Vale lembrar que em 1992, preocupado com sua sucessão, Wilson passou a ser o presidente do Grupo e destinou as atividades de mercado interno e externo ao irmão Wanderlei.

Autodidata, Wilson liderou a seu modo por anos a Samello. Agora, com sua morte, de acordo com a tradição familiar, seu sucessor deveria ser um dos irmãos. Assim foi feito. Wanderlei, que aprendera muito com o irmão mais velho, assumiu o cargo.

O quarteto que construiu o sucesso da Samello: Wanderlei (o último irmão a ocupar a presidência da empresa), Wilson (primeiro filho presidente), Osvaldo e Orlando.

O legado deixado foi mantido, mas com as diversas crises econômicas e financeiras do país, a Samello começa a declinar. Além disso, nunca existiu Governança Familiar, nem um regimento que alinhasse o que deveria ser feito quando Wilson faltasse.

Se no passado tivessem acontecido conversas abertas sobre sua sucessão e sobre o porquê de todos se manterem sócios, poder-se-ia, quem sabe, ter chegado à conclusão sobre quem gostaria de continuar no negócio e quem desejava sair. Fato é que durante 50 anos a empresa viveu muito bem, por isso os problemas da relação entre os irmãos foram colocados de lado. O comando de Wilson nunca foi questionado, afinal ele era o mais velho e isso bastava.

Nesse ínterim, Priscilla vivia um empasse, pois era uma futura acionista da empresa, mas não tinha voz dentro da mesma. Falar com um é fácil, mas como criar consenso com vários membros, tendo cada um seu ponto de vista? Nessas horas, a Governança Familiar ajuda muito. Faz com que a família entenda onde está o problema, divida as responsabilidades e vá colando as peças no lugar certo.

Enfim, Priscilla resolveu se impor. Para ela era mais fácil do que foi para sua mãe, criada dentro de uma tradição machista, que impunha uma série de travas às mulheres. Com habilidade, soube expor seu pensamento, sem abalar demais os alicerces dos Sábio de Mello.

ENTRADA DA QUARTA GERAÇÃO

Por ser a mais velha da quarta geração, Priscilla teve que abrir a porta para as questões da sucessão. Sua entrada simbolizava a certeza de que o tempo passou e que o que estava aparentemente acomodado não significava que estava bom.

Para realizar o primeiro planejamento estratégico da empresa, ela começou pedindo permissão ao tio presidente para conversar individualmente com cada herdeiro.

Como é comum em toda empresa familiar, existia um mal-estar, uma sensação de impotência que ninguém sabia de onde vinha. Claro que tinha a ver com a dificuldade de comunicação entre os membros. A verdade é que, quando se trabalha na empresa da família, se faz mais costuras políticas do que realmente o que o cargo pede. É a dependência financeira que faz com que as pessoas se submetam a esse papel. Muitos, inclusive, não sabem decifrar se estão trabalhando na empresa porque são bons no que fazem ou porque são herdeiros. Outros têm medo de não cuidar do que é seu.

Priscilla aprendeu que cuidar do que é seu não é estar num cargo na empresa da família. E, sim, saber pôr norte no negócio familiar e tirar o melhor dele. Se existe alguém mais capacitado para exercer o cargo que me compete, é melhor deixar que ele assuma e eu fique com os dividendos. Contudo isso só será possível se houver uma política na empresa em que os herdeiros tenham direito aos dividendos. Portanto, tudo se decide nos combinados, no jogo de poder entre os envolvidos.

Após três meses de pesquisa, Priscilla, com 27 anos, chamou os 14 membros da família, todos de gerações acima dela, para uma reunião, apresenta os dados do planejamento estratégico.

Depois de constatar as condições atuais da empresa, a jovem pontuou a questão da quarta geração, da qual ela pertencia. Essas pessoas estavam chegando e era preciso estudar a situação delas dentro dos negócios.

Foi uma catarse, em que todos começaram a questionar suas posições. O clima azedou de tal maneira que o encontro teve que ser encerrado.

A reação da família entristeceu Priscilla, mas, individualmente, todos foram cumprimentá-la, dizendo que o encontro tinha sido muito bom. Jamais ninguém havia tido essa voz como a dela. Entusiasmada, a neta de Wilson procurou a ESPM – Escola Superior de Propaganda e Marketing, para fazer um MBA em finanças, ganhando assim envergadura para lidar melhor com os parentes homens. Para sua surpresa, a faculdade oferecia o *MBA In Company*. Ela propôs à entidade dar o curso para sua família em Franca. A faculdade aceitou. Agora o desafio era fazer os familiares concordarem.

De um em um, Priscilla os convenceu a assinar um abaixo-assinado sobre fazer o MBA. Deu certo. Por um ano e meio, toda segunda-feira, o dia inteiro, os professores se reuniam na chácara Samello, em Franca. Na mesma época, também foi contratada uma psicóloga, que atendia a família uma vez por mês.

O resultado foi extremamente positivo. As aulas e as sessões de terapia despertaram todas as conversas até então adormecidas. Quando tudo terminou, ninguém mais tinha aquela sensação de inferioridade. Evidentemente, alguns aproveitaram aquela formação mais do que outros, mas, sem dúvida, houve um processo de nivelamento entre os envolvidos.

VISÃO DE LONGO ALCANCE

Todos, então, perceberam que o tio que assumiu a presidência já estava com idade adiantada e que era urgente encontrar uma sucessão para a empresa. Foi proposto a um dos professores do MBA fazer uma consultoria de Governança Corporativa, isto é, construir o conselho de administração.

Dessa vez, os encontros foram quinzenais em São Paulo. Participavam apenas os cinco representantes de cada núcleo familiar e Priscilla, que secretariava as reuniões e preparava as atas dos encontros. Assim, chegou-se ao consenso de que os 14 membros da família deveriam deixar a gestão, permanecendo somente um representante de cada núcleo. O processo de desligamento foi feito aos poucos, até que todos receberam a sua parte em dinheiro.

Como não havia concordância entre os envolvidos sobre um nome da família, tomou-se a decisão de contratar um executivo para gerir a empresa. Um *headhunter* encontrou a pessoa adequada, porém nem sempre se acerta na primeira contratação. É comum testar até três profissionais.

O contratado inicial para a presidência da Samello não deu muito certo, principalmente porque coincidiu com o fenômeno da invasão da China nos mercados mundiais. Ele não tinha o perfil austero que se necessitava naquele momento. Talvez se esse executivo tivesse sido encontrado bem antes, as coisas teriam sido diferentes.

Depois de 75 anos de existência, a Samello começou a ter problemas. Sabia-se bem fazer sapato, mas ninguém tinha noção de como sair de uma crise de tamanha proporção. Antes das coisas se agravarem, o CEO pediu demissão. Em seu lugar, ficou Miguel, um dos primos de Regina. Os demais familiares estavam paralisados diante do que estava acontecendo.

O jeito foi decretar Recuperação Judicial – RJ, o que hoje ocorre com muitas empresas. No entanto, isso gera aos envolvidos uma impotência terrível em relação ao tema. Poucos entendem do assunto. Trata-se de um mecanismo que prevê a recuperação do negócio. Juridicamente falando, a Recuperação Judicial serve para evitar que uma empresa em dificuldade financeira feche as portas.

É um processo pelo qual a companhia endividada consegue um prazo para continuar operando enquanto negocia com seus credores, sob mediação da Justiça. As dívidas ficam congeladas por 180 dias e a operação é mantida.

No entanto, a maior parte das empresas não consegue se reerguer e acaba saindo do mercado. Com a Samello aconteceu uma sucessão de enganos, como parar de produzir e misturar patrimônio de outras estruturas. Hoje, com certeza, as atitudes seriam outras, mas na época o despreparo levou aos erros. Instaurou-se o medo na família, pois a China trazia calçados muito mais baratos para o Brasil.

A parte positiva disso tudo é que, das 14 pessoas da família, apenas cinco ainda dependiam da fábrica para viver. As demais já tinham vida própria. O desligamento dos negócios acertado anos antes deu fôlego para enfrentar a crise sem abalar demais as finanças pessoais de cada um. A terceira geração, que viu a opulência do negócio, foi a que mais se entristeceu com a crise da Samello.

As reuniões dos cinco do conselho eram complicadas, pois só tratavam de problemas. Aquilo foi minando as relações familiares, culminando no afastamento dos membros. Por volta de 2015, Regina adoeceu e Priscilla contratou um advogado para acompanhar as duas nesses encontros. Eram conversas que nunca levavam a nada, sempre permeadas pela visão pessimista de que tudo ia acabar.

Priscilla não se conformava e fazia questão de mostrar outros caminhos que poderiam reanimar a empresa. Por três anos, ninguém a levou a sério, mas ela não desistiu. Passou a falar individualmente com todos até que achou melhor chamar um advogado especializado em Recuperação Judicial-RJ. Na reunião do conselho, o mesmo pegou fundo na questão, despertando ânimo nos participantes.

Terceira e quarta geração reunidas, da esquerda para a direita, de cima para baixo: Wagner Sábio de Melo Filho, Sergio de Mello Fernandes Filho, Ciro Sá Mello, Wilton de Mello Fernandes, Miguel Sábio de Melo (com bebê no colo), Sergio de Mello Fernandes, Regina Consuelo de Luca e Melo, Wlamir Bittar Sábio de Melo, Márcio Mello Fernandes, Maria Conceição Fernandes, Priscilla de Mello Mazzante, Gabriela Ribeiro Sábio de Melo, Marina Tosi de Melo, Lilian Tosi de Melo, Ana Paula Sábio de Melo Spessoto, Osvaldo Sábio de Melo e Isabela Ribeiro Sábio de Melo. Depois dessa foto, a quarta geração continuou aumentando.

NOVOS TEMPOS

Logo Miguel deixou a presidência e pouco tempo depois faleceu, desgastado com toda aquela situação. Sua sucessora foi Regina, com 68 anos. Foi um momento especial, pois representou o resgate da mulher. A mãe de Priscilla ficou no cargo por dois anos, tempo por ela estabelecido para ser feita a transição. Sua gestão foi muito importante para a Samello. Ajudou a pavimentar uma nova fase.

Seu principal feito, no entanto, foi fazer com que a família voltasse a se falar. Todos, por fim, entenderam que as questões dos negócios que os afastaram eram apenas comerciais, mas que a amizade e o sentimento familiar sempre permaneceram intactos.

Quando Regina deixou a presidência, tudo o que tinha que ser resolvido quanto à governança foi feito. A família se achegou novamente e os da quarta geração começaram a substituir seus pais, agora com idade avançada, nas reuniões de conselho. Entretanto, sem capital de giro, o negócio enfraqueceu, não havia dinheiro nem para investir em marketing, fazendo com que a marca fosse caindo no esquecimento.

Atualmente, com 97 anos, a Samello continua. Porém não é mais fabricante de calçados. Agora o produto é comprado de fábricas e revendido para franquias e sapatarias. Com a empresa ainda na Recuperação Judicial, a família hoje apenas compõe um grupo que representa as participações acionárias.

A história da empresa familiar Samello revela a ruptura de algumas formas de existência e a construção do novo. Seus herdeiros reverenciam o legado que lhes foi dado, mas seguem em suas próprias vidas.

O encontro de quatro gerações da família Melo.

SUMÁRIO

INTRODUÇÃO 31
   O que é uma empresa familiar 32
   Entendimentos, acordos e aceitação 33
   O importante é ser feliz 34
   Legado histórico 35
   Outra faceta da família empresária 36
   O que será daqui para frente? 37

CAPÍTULO 1 39
   Contexto histórico 39
   O Brasil é redescoberto 40
   Propaganda atraente 42
   Domando as adversidades 44
   A empresa familiar hoje no Brasil 46
   Família Papaiz, uma trajetória de sucesso 48
   Um negócio com começo, meio e final feliz 49
   De volta ao passado 52
   Segunda geração 54
   Sakura, uma empresa de raízes sólidas 57
   A história muda de rumo 58
   Renovação, com respeito às origens 60
   Descendência ativa e comprometida 61
   Vida longa à Sakura 62

CAPÍTULO 2 65
   As intrincadas relações humanas nos negócios familiares 65
   Amor e trabalho 66
   Olhando ao redor 68
   À luz do processo sistêmico 69
   Conclusões 71

CAPÍTULO 3 73
   Os possíveis ciclos de vida das empresas familiares 73

Nascimento 73
Crescimento 74
Maturidade 75
Declínio 78
Rejuvenescimento 79
Conclusões 81

CAPÍTULO 4 83
Um novo olhar para a sucessão 83
Nasce um sucessor 83
Tornando-se gestor de patrimônio próprio 86
Liberdade para ser o melhor para si e para a empresa 87
Profissionalização 88
Individualidade 90
Respeito ao legado 91
Organização financeira: o segredo da família Massi 92
Falta do patriarca impõe mudanças 94
Desdobramento de uma herança 94
Consultoria especializada ajuda a equilibrar os negócios e o legado 97
Pacto entre gerações alicerça a longevidade da Forauto 99
Entre escrivães e automóveis 100
Autonomia: uma visão de negócio 101
Repactuando 102

CAPÍTULO 5 105
A contribuição da Governança Familiar na longevidade dos negócios 105
Por que é necessária a Governança Familiar? 105
Sucessão 107
Conflitos clássicos nas famílias 108
Como a metodologia da Governança Familiar funciona 109
Mediação: um eficiente mecanismo de gestão de conflito 112

CAPÍTULO 6 115
Para a empresa familiar, o futuro é agora 115
Agilidade, mobilidade, identidade, adaptabilidade, flexibilidade
e sustentabilidade: os seis passos para o sucesso 116
Sinal de alerta há muito anunciado 118
Lições da pandemia 121

Fora da tecnologia não há crescimento..122
Casos clássicos de empresas que não souberam se adaptar aos novos rumos dos negócios 126
Breton: empreendedorismo com filosofia..127
Uma nova percepção de mercado 128
Maturidade emocional e profissional 130
Monitorando mercados..131

ENCERRAMENTO.. 133

BIBLIOGRAFIA.. 135

INTRODUÇÃO

Meu nome é Priscilla Mello. Há mais de 20 anos trabalho gerando propósito coletivo nas famílias empresárias por meio da Governança Familiar. Sou a quarta geração da Calçados Samello, empresa fundada por meu bisavô, em 1926, em Franca, interior de São Paulo.

Nasci e cresci convivendo no dia a dia de um empreendimento familiar, referência no setor calçadista. Aos poucos, fui criando uma bagagem pessoal, o que me permitiu entender os desafios das famílias empresárias. Assim, criei a Defamília. Unindo o útil ao agradável, transformei minha herança em meu maior legado. Sinto-me realizada, sendo guiada por meu propósito de vida, que é apoiar pessoas a estabelecerem o bem-estar em seu sistema familiar.

A Defamília já contribuiu com mais de uma centena de famílias, levando harmonia a cada um de seus membros e uma profunda compreensão do núcleo familiar.

Há muito quero escrever um livro, mas só agora me sinto preparada para fazê-lo. Estamos vivendo um momento histórico de transformação, perfeito para partilhar o que aprendi com as famílias empresárias ao longo dos anos.

A ideia deste projeto não é ser mais uma obra sobre família empresária. O objetivo é fazer um resgate de como surgiram essas empresas no Brasil, pontuar os desafios que precisam ser superados a cada dia para se manter na ativa e ser um farol que lance luz para um amanhã promissor.

Quando se olha a história com uma lente macro, os desafios atuais se contextualizam. Nosso país foi formado por imigrantes. No século XX, italianos, portugueses, espanhóis, japoneses, entre outros, formaram uma comunidade de empreendedores. Esse recorte ajuda a contar para as famílias empresárias de hoje o que elas já passaram, como estão vivendo e para onde vão.

Ao relatar essas vivências, percebemos que a adaptação daqueles imigrantes talvez seja igual ao que temos que fazer agora. Estamos procurando no passado a costura dos tempos atuais, porque sempre os que sobressaíram foram aqueles que tiveram maior habilidade, articulação e flexibilidade.

O Brasil de hoje foi forjado pelas famílias imigrantes, que introduziram as empresas familiares. Estes começaram por pura necessidade de sobrevivência, e seus esforços e dedicação geraram vários empreendimentos de sucesso.

Ninguém pensava em criar uma empresa familiar, simplesmente desenvolviam seus ofícios trazidos do país de origem. Por aqui, éramos uma terra de oportunidades, preparada para receber esses profissionais habilidosos. Foram essas pessoas que fizeram fortuna e patrimônio por meio de seus negócios.

O que é uma empresa familiar

No livro *Empresas Familiares Brasileiras: perfil e perspectivas*, os autores Ives Gandra da Silva Martins, Paulo Lucena Menezes e Renato Bernhoeft classificam como familiar toda empresa que tenha estado ligada a uma família, pelo menos, durante duas gerações, e quando essa ligação resulta numa influência recíproca. No mundo todo, esses empreendimentos costumam ter longa permanência.

Quando comecei a trabalhar com Governança, eu não entendia claramente o que acontecia nas famílias empresárias. Eu apenas percebia um mal-estar entre os envolvidos, em relação ao relacionamento familiar. Essa visão micro não me deixava olhar a questão de uma forma ampla. O que ficava evidente eram apenas disputas, brigas entre pai e filhos, irmãos e primos, além do autoritarismo dos fundadores e a dificuldade da geração seguinte em chegar ao negócio.

Hoje, percebo que esse mal-estar é uma consequência do desenvolvimento das empresas familiares.

Num primeiro momento, a família está voltada para o empreendedorismo; depois, para a construção do negócio; em seguida, vem a consolidação dele.

Aí surge o grande desafio de como manter o negócio prosperando. Se nada for feito, com certeza se entra no declínio. Muitas vezes perde-se a razão pela qual aquele o negócio foi constituído. Cabe então à família empresária entender se está disposta a refazer o processo.

É como o ser humano: nasce, cresce, desenvolve e morre. No tocante às empresas, durante esse ciclo é possível se reconstruir. Em vez de entrar no declínio, a saída é fazer uma nova estrutura para continuar crescendo, isso se houver indivíduos integrados e que tenham essa paixão por continuar o legado.

Há famílias que, intuitivamente, conseguem refazer esse ciclo.

Nessa busca pela manutenção do legado, algumas se fundem, juntando-se a outras empresas; outras realizam aquisições, comprando novos negócios. Não há fórmula pronta, mas quem olha para seu empreendimento sempre sabe quando ele está crescendo, quando está maduro e quando está em declínio.

Seja qual for o momento, se a família detentora do negócio não estiver alinhada, dificilmente conseguirá agir, pois ficará muito tempo perdida nas indecisões de seus integrantes.

Há cerca de meio século, empresas começaram a comprar concorrentes e, assim, se consolidaram. Dessa forma, algumas famílias mudaram seu portfólio, saindo definitivamente dos negócios, ou se mantendo como sócios em menor proporção. Nesse caso, deixaram seus cargos de gestão e passaram a atuar somente no conselho de administração, como acionistas.

Deu-se início, então, a um novo ciclo de prosperidade, com empresas maiores e consolidadas.

Entendimentos, acordos e aceitação

O momento histórico revela que, à medida que as empresas vão ficando fortes em seu nicho, passam a ocupar lugar de destaque no mercado. Para se manter nessa posição, é preciso aumentar sua escala. Às vezes, no entanto, não se tem tempo para isso, mas, por outro lado, não se pode parar. É preciso andar rápido para atingir a meta. Daí a fusão entre marcas se tornar uma excelente opção. Por isso, tantas histórias de empresas que são compradas ou vendidas.

Esse é um retrato da consolidação do mercado; em outras palavras, a globalização. Como impacto, aquelas famílias empresárias, que criaram fórmulas e desenvolveram produtos, começam a sair de cena, pois o jogo fica muito grande para elas. Vale lembrar que uma empresa com um ano de vida está num estágio, com dez anos está em um novo patamar e enfrenta outros desafios. Cada fase do negócio significa uma nova empresa.

E assim, com o passar do tempo e com a chegada das gerações seguintes, entra-se em um novo desafio, o qual demanda o estabelecimento dos combinados entre a família. Não é uma tarefa simples, pois envolve muito mais do que as práticas do dia a dia. Nesses combinados também estão inseridos aspectos comportamentais e de relacionamento.

A integração familiar é importante na construção desse futuro. Só assim é possível entender as expectativas de cada um dos envolvidos. Caso contrário, na melhor das hipóteses, aquele que foi contrariado, lá na frente, dirá que tudo de errado foi culpa do outro. Ou então ele pode levar sua ideia para a concorrente, ou se tornar ele próprio um concorrente.

Não se pode esquecer que existem tanto famílias que mudam de ramo várias vezes como as que permanecem sempre no mesmo segmento, porém alterando sua forma de fazer negócio. Perceber e fazer tais mudanças é a grande sacada dos tempos atuais.

O importante é ser feliz

Antes se supunha que o herdeiro precisava dar continuidade ao que vinha de seus predecessores. Errado!

Herda-se a base, o legado, a história. Já o negócio vai depender do destino que se der a ele. O que se faz com isso é de cada um. O momento em que estamos vivendo é perfeito para despertar nas famílias a visão de que o protagonismo é de cada um. É legítimo o desejo do filho em querer ir atrás de seus sonhos, sem necessariamente dar prosseguimento aos negócios da família. É importante os pais entenderem que não é injusto os filhos seguirem seu próprio caminho. O herdeiro pode levar a tradição consigo, mas não necessariamente por meio do negócio da família.

Aqui também entra a questão do que, até agora, chamou-se de sucessão, um termo que está caindo em desuso. Ninguém sucede ninguém; ninguém consegue ser o outro. O que acontece são pessoas únicas levando à frente o legado da geração anterior.

Muitos filhos não se reconhecem na empresa dos pais, por isso não se sentem capazes de continuar o projeto.

É o caso do fazendeiro que fez fortuna vendendo a carne de seu rebanho. Seu filho, porém, é vegetariano, radicalmente contra a matança de animais. Essa não identificação do sucessor com o negócio raiz da família é um desafio, mas é possível, sim, mudar o foco do negócio, com tempo e alinhamento. É fundamental que haja um trabalho de integração entre as gerações para descobrir como fazer aos poucos essas mudanças. Quando não se olha para as características da próxima geração, o fim da empresa no futuro já está previsto, pois os herdeiros não conseguirão lidar com o negócio da mesma forma como era feito. Afinal, o empreendimento não tem a ver com eles.

O processo de mudar a característica do negócio é lento e deve ser construído junto com todos os envolvidos. Quanto ao fazendeiro, ele poderá ter outro tipo de extração na propriedade além do gado. Isso é diversificar, a ponto de aos poucos ir mudando a característica do patrimônio. Enfim, essa mudança de portfólio é delicada e precisa ser construída em harmonia e sem pressa.

Um filho chegar para o pai e dizer que tudo que ele construiu não lhe tem valor pode gerar uma profunda mágoa. Por isso, é importante entender o que o filho está tentando falar para evitar que a comunicação saia truncada.

A Governança Familiar contribui no entendimento das relações da família. Por que, para o filho, é tão difícil reconhecer que o pai conseguiu fazer um patrimônio dessa maneira? O que esse jovem pode fazer para que, em conjunto com o pai, se construa uma nova história, sem desvalorizar o que já se tem?

O bom resultado dessas questões é a maturidade do entrosamento entre gerações diferentes. A beleza da governança é a harmonia. Não tem preço a felicidade que se vive a partir daí. Quando o pai aceita a opinião do filho e o filho entende as atitudes do pai, ambos se reconhecendo, isso significa que eles aceitaram suas diferenças e um apoia o outro. Quando há tal integração, todos se beneficiam. Tudo agora é possível, pois estão alinhados.

Legado histórico

O que prejudicou demais as gerações passadas foi o radicalismo das posições. Os fundadores queriam que suas vontades prevalecessem. Os herdeiros pensavam diferente, mas não ousavam contrariar os mais velhos. Instaurava-se, assim, um eterno descontentamento. Isso aconteceu com grande parte das empresas familiares, que remontam à época da grande imigração no Brasil e hoje já estão em sua terceira ou quarta geração.

A primeira geração estava voltada para a lida, trabalhava de sol a sol, tudo pela subsistência da família. Quando os filhos cresciam, o pai não titubeava em levá-los para o negócio. Algumas famílias conseguiam dar estudo aos herdeiros e faziam questão de vê-los se formar em uma faculdade.

A vida era assim, não havia questionamento da parte dos mais novos. As pessoas seguiam os ofícios do pai, sem discussão. Havia um compromisso com a superação do meio de onde vieram e uma aceitação tácita com o futuro estipulado.

Outra questão dessa época era o machismo. O filho homem seguia os passos do pai, e a filha mulher se preparava para o casamento.

Os antigos imigrantes, que fincaram aqui seus pequenos negócios, perceberam que quem tinha instrução conseguia melhores salários e dirigiam as melhores empresas. Por isso investiam na educação dos herdeiros. No entanto, quando os filhos se formavam nas universidades, nem todos queriam trabalhar com o pai. Mais preparados que seus progenitores, optavam por ingressar em indústrias maiores. A agricultura familiar, por exemplo, é um dos segmentos mais afetados desde essa época. Apesar de todo o planejamento dos pais, até hoje os filhos ainda preferem seguir suas carreiras nas grandes cidades.

A terceira geração das famílias empresárias já viveu uma outra história, sejam eles filhos de pais condicionados ou não ao trabalho do avô. A eles foi dado o direito de escolha do que queriam fazer profissionalmente. Não é porque o pai vendia sorvete que o filho também tinha que fazer o mesmo. Só fazia isso por vontade própria. Dessa maneira, os filhos dos antigos imigrantes propiciaram aos seus herdeiros ver o mundo por uma nova ótica.

Hoje, estamos mais abertos às escolhas, o que também dificulta a sucessão. Na verdade, não sucedemos o negócio da família, e sim o seu patrimônio. A sucessão do patrimônio é diferente da sucessão do negócio. Assim, o patrimônio conquistado com o trabalho do antigo imigrante, que cresceu mesmo sem a participação direta da segunda e da terceira gerações (transformando-se em negócios, imóveis, dinheiro etc.), graças à formação mais estudada e capacitada dos herdeiros, pode se ressignificar. Essa nova geração está mais bem preparada para entender por que é preciso ter liquidez e o que fazer com isso. Enfim, é a continuidade do ofício do avô transformada em algo maior para os tempos atuais.

Com o passar dos anos, a indústria inicial muda. Aquele que começou fabricando sapato, por exemplo, verá sua quarta geração se especializando em coisas que não existiam na sua época, como marketing digital, nanotecnologia, entre outras. Isso quer dizer que toda aquela base que veio do fundador se transformará em algum serviço que vai abastecer uma nova indústria.

Outra faceta da família empresária

Aquela que não possui mais negócios, mas apenas imóveis e liquidez, também pode ser considerada família empresária. Afinal, administrar esses recursos dá trabalho e pode gerar muitas divergências entre seus integrantes.

Mesmo uma família que possui apenas uma casa de praia e um apartamento na cidade, na hora da divisão dos imóveis, a confusão pode ser a mesma de uma família com grande patrimônio.

A questão é que muitos não dão conta de lidar com as emoções das relações familiares. Quando se percebe tal desafio, o ideal é começar desde cedo um projeto de estruturação patrimonial, com o patriarca ainda vivo e gozando de perfeita saúde. Seja já estabelecendo a partilha futura ou, nos casos mais complexos, contando com a Governança Familiar, a qual pode auxiliar na organização e na definição do que se pretende com tal patrimônio.

Tomar essas providências, previamente, oferece economia tributária. Tal organização legitima aos filhos serem donos do patrimônio e afasta o desgaste emocional de definir o que cabe a cada herdeiro na ausência do pai. Além do mais, trata-se de um ganho de harmonia e de bem-estar para todos os envolvidos. Sem falar no exemplo que será dado para as próximas gerações.

Aqueles que vivem de aplicações também estão inseridos no universo da empresa familiar. Para esse nicho, a partilha de bens também depende do planejamento tributário.

Famílias com esse perfil precisam aprender a administrar liquidez. Às vezes, por exemplo, o momento é de fazer uma retirada para comprar algum bem; outras vezes é melhor mudar de aplicação. O mais garantido é que tudo seja feito de comum acordo com todos os envolvidos. Assim, mais tarde, ninguém culpará o outro por decisões tomadas.

Seja lá qual for o seu negócio, empresa, patrimônio imobiliário ou liquidez, lembre que decisões devem ser tomadas em conjunto, não se trata mais de uma sucessão, e sim de uma continuidade.

***

O que será daqui para frente?

O consumidor, hoje, compra das marcas nas quais ele acredita. Antigamente, comprava-se o produto daquele fabricante porque não havia outras opções. Agora, as oportunidades se exponenciaram, e um grande fator de preferência é o impacto socioambiental. As empresas que já entenderam isso estão na frente. Para as multinacionais, trata-se de um passo difícil, mas para a empresa familiar não é tão complicado assim. Não resta dúvida de que esse é um grande diferencial para as famílias empresárias que querem se sobressair neste momento. Ter um olhar de geração positiva de impacto, e transmitir isso na marca, faz toda a diferença numa época em que o planeta não aguenta mais tanto descaso com o meio ambiente.

As décadas anteriores privilegiaram a produção em massa, em grande escala. Fazia sentido, nós prosperamos. No entanto, prejudicamos demais o mundo em que vivemos.

O que será daqui para frente? É tempo de refletir, olhar para dentro de sua empresa, procurando o que ela tem de diferente das demais, e estudar as vantagens de ser menor ou maior. Se for viável manter o tamanho desejado, sem comprometer seus valores, sua marca com certeza será bem-vista no mercado. Há uma grande oportunidade para milhares de famílias empresárias nestes novos tempos.

Como contei lá no começo, iniciamos nosso livro identificando o contexto histórico de grande parte das empresas familiares no Brasil. Nos capítulos seguintes, caracterizaremos a trajetória dos negócios em família, com seus ciclos, suas mudanças de comando, seus dilemas e suas perspectivas de futuro. Não temos intenção de esgotar o assunto, nem definir caminhos a serem tomados; queremos antes abrir um diálogo com quem vive esse universo e expor um leque de possibilidades para tornar todo e qualquer negócio um catalisador da felicidade para as famílias e para o mundo.

Boa leitura!

CAPÍTULO 1

Contexto histórico

Sim, neste livro, são as grandes levas de imigrantes que aqui chegaram, na penúltima década do século XIX, o nosso ponto de partida para contextualizar o advento da empresa familiar no Brasil. No entanto é importante retroceder na história para compreender que pequenos empreendedores sempre fizeram parte do DNA brasileiro.

Já durante o período conhecido como ciclo do pau-brasil (aproximadamente entre 1500 e 1530), quando os índios imperavam por aqui, os tupis-guaranis produziam alimentos não só para o dia a dia, como também para épocas de escassez.

Como empresas familiares, negociavam com os portugueses e, em troca de ferro e de objetos e armas desconhecidos pela população nativa, cortavam e transportavam madeira.

Oficialmente, porém, a primeira atividade econômica no Brasil acontece com as capitanias hereditárias, no século XVI. Para ocupar e manter territórios ainda não explorados, Portugal doava terras a seus cidadãos, que podiam ser herdadas pelo filho mais velho destes. Daí o termo "hereditárias": transmissão por herança.

Em meados de 1800, nosso mercado interno cresceu mais do que o setor exportador. A economia brasileira chegava ao dobro da economia metropolitana portuguesa. Por esses tempos, o Nordeste era mais rico que o Sul, e quem encabeçava o comércio de bens e serviços, geralmente, eram grupos familiares, formados tanto por índios como por pessoas vindas de muitas partes do mundo. A ambição de todos era morrer numa posição social mais elevada da que nasceu.

O pensamento vigente já sinalizava o empreendedorismo brasileiro, que não mudou nem mesmo com a chegada da escravidão. Nessa época, éramos 4 milhões de pessoas, com 550 mil famílias produtivas, a maior parte proprietária de escravos. Nem todos eram latifundiários, bastava ter cinco escravos para ser considerado um pequeno empreendedor.

Nos primeiros 300 anos de nossa história, crescemos mais economicamente que a média europeia. Perto do fim do período colonial, Brasil e Estados Unidos se equiparavam nas exportações: 4 milhões de libras esterlinas, com flutuações anuais.

Entretanto, no século XIX, com a escravidão e a produção cada vez mais decadente, o Brasil preparava-se para entrar no século XX com a economia estagnada. Mas o cenário se transforma com a Proclamação da República, em 1889. Uma reforma institucional radical incentivou a criação de riqueza. Rui Barbosa baixou um decreto que facilitava a criação de empresas. Em São Paulo, por exemplo, já no primeiro ano de vigência da lei, foram registradas 210 sociedades anônimas, muito mais do que existiu em todo o período do Império. Destas, 89 eram culturas familiares que foram transformadas em empresas.

Nessa época, os grandes cultivadores, chamados de Barões do Café, praticamente monopolizavam as empresas privadas mais importantes do Brasil. A maioria dessas famílias empresárias se concentrava em São Paulo, principalmente no Vale do Paraíba e, depois, nas regiões de Campinas, Araraquara e Ribeirão Preto, onde havia a melhor terra roxa do país para cultivar a planta. No final do século XIX, o Brasil chegou a ser responsável pela produção de metade do café consumido em nível mundial.

E foi essa fonte de trabalho que despertou o interesse de gente que passava necessidade na Europa.

O Brasil é redescoberto

A partir da penúltima década do século XIX, tem início o que chamamos de "A grande imigração": quando a chegada de imigrantes no Brasil se transforma num fenômeno de massa. Um dos motivos, como já mencionado, tem a ver com o longo processo abolicionista. Por causa disso, surge em São Paulo uma das maiores hospedarias de imigrantes do país (Ilha das Flores, no Rio de Janeiro, também possuía uma de tamanho significativo, contudo de menor procura) no bairro do Brás, inaugurada, extraoficialmente, em 1887 e, oficialmente, em 1888, ano da abolição dos escravos.

Receber imigrantes foi um projeto político e social para disponibilizar ao Brasil mão de obra barata abundante. Desde meados do século XIX, já se discutia o término da escravidão. Assim, ao longo desses anos, algumas pequenas hospedarias para imigrantes se espalharam por cidades como Salvador, Belém, Porto Alegre, Rio de Janeiro, entre outras. Mas, como São Paulo era forte na cafeicultura e precisava de muita mão de obra, pensou-se, em 1886, em criar na região um grande complexo para receber os estrangeiros. O prédio, de proporções gigantescas para a época, foi construído em menos de dois anos.

Vale destacar que, além da questão econômica em trazer mão de obra imigrante, havia também um viés social e intelectual da elite brasileira. Estes bebiam muito de um projeto eugenista francês (berço do nazismo) que queria embranquecer a população. Supunham que, dessa forma, iríamos civilizar a nação.

Portanto, por mais que aqui tivéssemos uma mão de obra disponível de ex-escravos, bem como dos brasileiros chamados caipiras, que já trabalhavam nas fazendas do país inteiro, se convencionou que seria melhor trazer trabalhadores europeus. Alcebíades Estevão Furtado, diretor do Arquivo Nacional, em uma viagem à Paris, em 1913, disse que o objetivo era, em duas ou três gerações, tornar o Brasil todo branco. Fato que jamais aconteceu. De acordo com dados do IBGE (2022), atualmente 55,8% dos brasileiros são pretos e pardos.

Acredita-se que é por isso que, no começo da imigração, não se tem registro de imigrantes asiáticos, considerados de raça inferior. O primeiro grupo oficial de japoneses só chegará por aqui em 1908.

Na verdade, historiadores de hoje revelam que a escassez de mão de obra chinesa, por exemplo, se deve ao fracasso da expedição à China, em 1872. Nessa data, a marinha brasileira enviou um navio para fazer nossa primeira circum-navegação. A rota era: Portugal, seguir pelo Mediterrâneo, atravessar o recém-inaugurado Canal de Suez, passar pelo Japão e terminar na China, onde se negociaria a vinda de chineses colonos para trabalhar nas lavouras de café. O resultado foi um tremendo fiasco. Sem acordo, o navio voltou vazio para o Rio de Janeiro, e a preferência, então, passou a ser por imigrantes europeus.

Fato é que uma lei de 1891 autorizava asiáticos e africanos a entrarem no Brasil, desde que trouxessem uma autorização especial. A ideia era dificultar ao máximo a vinda desses estrangeiros. Muito diferente do que acontecia com os europeus, especialmente os que vinham do norte da Itália, da Alemanha e da Áustria.

Os primeiros imigrantes que desembarcam em São Paulo e na região Sul são italianos, principalmente de Veneto, da Lombardia, de Friuli e de Trento. Portugueses também vieram em massa, mais dos 85% dos que deixaram o país escolheram o Brasil para viver. Já da Espanha, a maior incidência era da Andaluzia. Entre 1890 e 1891 passam pela Hospedaria do Brás cerca de 90 mil pessoas, as quais chegavam no Brasil, sobretudo, pelos portos de Santos e do Rio de Janeiro, na época capital federal. Apenas quem ia para o norte do país entrava pelo porto de Belém. Mas, já no começo do século XX, Santos, ao lado de Salvador e Recife, torna-se o principal porto de entrada de imigrantes.

Apesar de o Brasil incentivar a naturalização dos imigrantes, todos que aqui chegavam tinham autorização para permanecer no país o tempo que quisessem, sem precisar abdicar de sua cidadania. O único documento exigido de identificação era o passaporte. Não existia a noção que se tem hoje de residentes ilegais. O rigor com a imigração só vai mudar no Estado Novo, década de 1930, sob a presidência de Getúlio Vargas. Desde 1938, todo imigrante deve ter um registro de estrangeiro.

Os números mostram que São Paulo, em 1891, passa a contabilizar o triplo da população que a cidade tinha em 1872. Nunca houve um crescimento tão expressivo como este, no estado e na cidade. Na época, em São Paulo, por exemplo, com a chegada de tantos italianos nesse final do século XIX, falava-se mais a língua de Dante do que a de Camões. Certa vez, um viajante que passava pela cidade disse que, se as pessoas que aqui moravam hasteassem em suas janelas as bandeiras de seu país de origem, um desavisado acharia que estava em Roma. Tal realidade vem de dois fatores: o de expulsão e o de atração.

A Itália, no final do século XIX, passa por uma crise econômica e climática sem precedentes. A Revolução Industrial fez com que muita gente perdesse o emprego, e não só os camponeses, mas também os pequenos proprietários, sofreram muito com o rigor das chuvas, ventos e terremotos, que abalaram especialmente a região norte do país.

A população mais atingida viu na imigração uma saída para seu desespero e a chance de mudar de vida. Isso se torna viável graças ao advento do barco a vapor e das ferrovias. Agora, havia possibilidades concretas para ganhar novos mundos. Embarcando num navio, por volta de 20 dias, um italiano podia desembarcar em terras brasileiras. Antes disso, até o começo do século XIX, o máximo que uma pessoa podia era se mudar para um país vizinho. Mais longe que isso, o contexto social e econômico não permitia.

Propaganda atraente

Aproveitando o momento, o Brasil passa a atrair mão de obra com publicidade, pagando a passagem de todos os interessados. Essa é a chamada imigração subsidiada. Somos o quarto país que mais chamou estrangeiros. Os primeiros foram Estados Unidos, Canadá e Argentina. Ao todo, recebemos perto de 5 milhões de imigrantes, enquanto os americanos abriram as portas para 30 milhões de estrangeiros. É curioso perceber como os destinos influenciam as preferências. Para a Argentina, vão mais italianos da região da Ligúria; para o Brasil, a maior parte é do Veneto e Lombardia; já para os Estados Unidos, seguem os do sul da Itália.

Havia escritórios brasileiros, financiados principalmente pelos cafeicultores paulistas e cariocas, em portos da Itália, Grécia, Canadá, Dinamarca, Portugal, Alemanha, entre outros, onde agentes migratórios se incumbiam de propagar a novidade. Importante destacar que, por aqueles tempos, o café era uma lavoura que exigia mão de obra extensa, precisava de grande número de trabalhadores. Assim, formou-se uma rede de propaganda, que envolvia párocos, prefeitos e funcionários que perambulavam pelas freguesias europeias. A cada família que estes levassem para o porto, eles ganhavam uma comissão.

A princípio, o objetivo é atrair mão de obra familiar: pai, mãe e dois filhos em idade apta a trabalhar, essencialmente camponeses. Mas essa averiguação era difícil; assim, os que chegavam na Hospedaria do Brás e diziam que queriam trabalhar na cidade, pois não eram camponeses, tornavam-se rejeitados, impedidos de usar os serviços oferecidos aos demais. Acredita-se que alguns foram até processados e tiveram que devolver o subsídio. Esses, na maioria das vezes, eram artesãos, marceneiros, carpinteiros, que para imigrar de graça se diziam agricultores.

Outra prática comum entre os agentes migratórios era juntar pessoas de diferentes famílias. São muitas as histórias que mostram mulheres com filhos acompanhadas por homens desconhecidos, que se passavam por marido delas. Tinham passaportes falsos e por isso se registravam com sobrenomes que não eram os verdadeiros.

Por outro lado, foram pouquíssimos os que chegaram sozinhos subsidiados. Os libaneses e os sírios, por exemplo, que migraram para o Brasil nessa época desacompanhados, pagaram por conta própria a viagem.

As primeiras famílias de italianos e espanhóis que aqui desembarcaram vinham entusiasmadas por promessas que, na realidade, eram fantasiosas, como quinhões de terras específicos, que facilitariam o enriquecimento dos proprietários. Não era bem assim. Os lotes pouco correspondiam com o que eles imaginavam e enriquecer mostrava-se quase impossível. Existem registros que mostram a decepção de muitas viúvas com a vida no Brasil. Graças a acordos com Portugal, Itália, Alemanha e Espanha, várias foram repatriadas.

O que não se pode negar é que o salário pago às famílias imigrantes era maior que o praticado na Itália. O problema é que as pessoas se endividavam com frequência. Quem trabalhava nas fazendas precisava comprar seu alimento na vendinha do fazendeiro, o mesmo que vendia a juros os equipamentos para cuidar da terra. A saúde era outra despesa alta, tanto que a mortalidade infantil cresceu muito, pois os imigrantes não tinham condição de pagar parteiras e médicos.

A falta de dinheiro era uma realidade também nas cidades. Vem daí o motivo de muitos estrangeiros se reunirem em cortiços, sem condições sanitárias ideais para residir.

A escassez de moradia urbana tem, ainda, a ver com o fato de que as cidades não se estruturaram para receber tantos habitantes em tão pouco tempo. É por isso que muitas famílias em São Paulo, por exemplo, optaram por morar em zonas periféricas e de baixo custo, como as alagadiças Várzea do Carmo, Brás, Mooca, Barra Funda e Belenzinho. Quando o Rio Tietê transbordava, tudo ficava sob suas águas e infestado de cobras. Por outro lado, devido ao valor acessível dos terrenos, a maior parte das indústrias ficava nessa região, facilitando o trabalho para os imigrantes.

Morar na Penha, bairro também de baixa renda, era inviável por causa do transporte caro. Já Campos Elísios e Paulista, por exemplo, eram bairros nobres, proibitivos para trabalhadores. Viver junto com seus conterrâneos significava contar com a solidariedade. O Brás era considerado uma "mini" Itália. Até o começo do século XX praticamente não se ouvia ali falar português. Mais tarde, libaneses e sírios escolheram as regiões das ruas 25 de março e Santa Efigênia. Com o tempo, os japoneses se agrupam no bairro da Liberdade.

Domando as adversidades

Os italianos do norte, os primeiros a chegar, de certa forma foram os primeiros a sofrer no novo mundo. Eles vão para o interior paulista e enfrentam problemas com os fazendeiros. No entanto muitos progrediram e construíram histórias de sucesso. É o caso também dos portugueses, que conseguiram fazer uma poupança nos primeiros anos de imigração e se livraram das amarras do endividamento. A partir da segunda ou terceira geração no país, ascenderam socialmente e viraram proprietários. Por sinal, hoje, a classe média emergente do Sul e do Sudeste do país tem muito a ver com os imigrantes que aqui chegaram no final do século XIX.

Na Hospedaria do Brás, onde as pessoas subsidiadas negociavam contratos e conseguiam emprego, existia um mapa do Estado de São Paulo, com o nome das cidades e as ferrovias que as serviam. Como os imigrantes não falavam português, a comunicação com os agentes dos fazendeiros era feita por intermédio de intérpretes. No entanto, muitas vezes, a distância, o clima e demais informações ficavam desconhecidas para os chefes de família. Até 1907 não existia um local apropriado para as negociações de salário. Tudo era feito no jardim da hospedaria. Após essa data, foi criada a Agência Oficial de Colocação e Trabalho, com instalações melhores, para que as pessoas pudessem obter dados sobre o local para onde estavam indo.

Já quem imigrava espontaneamente, como judeus, sírios, libaneses e portugueses do norte de Portugal, não passava pela hospedaria. Geralmente eram comerciantes, que vinham para o Brasil pagando suas passagens, esperançosos em enriquecer. Com capital próprio, abriam comércios do tipo secos e molhados (a Praça da Sé era bastante disputada), vendinhas e barracas nas feiras livres. Na medida do possível, muitos construíram miniempresas que, ao longo dos anos, prosperaram.

Uma parcela desses imigrantes já tinha parentes ou amigos no Brasil e trazia as conhecidas "cartas de chamada". Aqui, eles contavam com a ajuda de primos, vizinhos, entre outros conterrâneos, para empreender. O caso dos libaneses, com suas lojinhas na Rua 25 de Março, é emblemático.

Os imigrantes que prosperavam aqui enviavam cartas para seus concidadãos que, devido ao progresso do barco a vapor, demoravam no máximo dois meses para chegar ao seu destino. O telégrafo também era um meio de comunicação a distância muito usado na época. Sem dúvida, as redes de comunicação foram fundamentais na constituição do intenso fluxo imigratório brasileiro.

Apesar de a imigração se desenvolver basicamente no Sul e no Sudeste do Brasil, havia demanda em outras partes do país. Manaus e Belém receberam muitos italianos, e Salvador foi bastante procurada por espanhóis da Galícia.

A situação dos imigrantes melhora a partir do começo do século XX. Gente de outras nacionalidades, como romenos, lituanos e gregos, engrossam as fileiras de mão de obra, e os trabalhadores tornam-se mais organizados. Reivindicam direitos, tanto para o campo quanto para a cidade. Mesmo assim, em 1926 a Hospedaria do Brás acolheu diversos imigrantes que viviam nas ruas de São Paulo, depois de estarem há mais de 20 anos na América, o que para eles era sinônimo de Brasil.

Depois da Segunda Guerra Mundial, a mão de obra imigrante torna-se mais especializada. São técnicos em metalurgia, engenheiros, advogados, médicos, comerciantes, entre outros. São pessoas muito diferentes dos primeiros imigrantes subsidiados, enviados para cidades do interior.

A Hospedaria do Brás funcionou até 1978, por 91 anos. Passaram por ela 3 milhões de pessoas, sendo metade brasileiros, especialmente nordestinos, pós década de 1930. Os demais são estrangeiros de 70 nacionalidades diferentes. A maioria é italiana, seguida por espanhóis, portugueses, japoneses, alemães e austríacos. Toda essa gente, além da bagagem física, trouxe uma enorme contribuição cultural para o Brasil. Sua maneira de se vestir, comer e pensar enriqueceu o país em todos os sentidos.

Na economia, essas pessoas transformam nosso mercado interno com novas demandas. As reclamações dos imigrantes ilustram isso. Muitos se queixavam da qualidade do vinho, do queijo e do couro nacionais. Donde se percebe, primeiro, o aumento do consumo desses itens; segundo, o crescimento da importação de artigos provenientes da Europa; e, terceiro, a criação de indústrias para a produção de produtos similares aos de sua terra natal.

Os imigrantes também contribuíram muito no processo de urbanização. Graças a eles, antigos núcleos de assentamento se transformaram em cidades. Notadamente no Sul, destacam-se São Leopoldo, Novo Hamburgo, Caxias do Sul, Farroupilha, Itajaí, Blumenau, Brusque, Joinville e Santa Felicidade. Em São Paulo, a cidade de Holambra foi criada por imigrantes holandeses, e a cidade de Americana, por confederados emigrados do sul dos Estados Unidos, em consequência da guerra de secessão. Já os municípios de Teófilo Otoni e Juiz de Fora, em Minas Gerais, e de Santa Teresa, no Espírito Santo, são frutos do trabalho dos alemães.

A empresa familiar hoje no Brasil

Como se vê, a empresa familiar por aqui vai se estabelecendo aos poucos, ao longo da história. É, contudo, após a Segunda Guerra Mundial que esse tipo de empresa cresce em larga escala. Quando se estuda o assunto, percebe-se que tal crescimento está atrelado a épocas cujos incentivos estatais se fizeram presentes.

Nas décadas de 1930 a 1950, subsídios, proteção alfandegária e reserva de mercado por parte do Estado, estimularam o surgimento de muitas empresas familiares. O mesmo apoio ocorreu no período do regime militar que, ao defender o corporativismo estatal, o Governo acabou protegendo também as empresas familiares. Entre 1969 e 1973, durante o conhecido "milagre econômico", muita gente se aventurou a empreender respaldada pela segurança que o país oferecia.

Benefícios fiscais impulsionaram a expansão da indústria nacional, só a de transformação cresceu mais de 13% ao ano no período. Já o setor da construção civil teve ganhos de 15%. O aumento de crédito destinado à agricultura e o incentivo às exportações, com adoção de regras cambiais favoráveis e redução de entraves, também foram adotados por essas novas políticas protecionistas.

No entanto, mesmo com o forte crescimento econômico e com a criação de empregos, o período militar gerou impactos bastante negativos, como o achatamento dos salários e a distância entre ricos e pobres.

Além disso, como não existia concorrência com produtos estrangeiros, o grau de exigência do consumidor era baixo, facilitando a vida dos empresários. Por outro lado, sem incentivo a melhorar, a produção nacional se acomodou, fazendo com que as empresas se tornassem despreparadas para competir com os mercados externos.

Certo ou errado, por 20 anos a empresa familiar brasileira prosperou nesse cenário de política econômica protecionista. Mas aí chegou a década de 1990 e, com ela, a implantação do Plano Real e a abertura da economia. Então, tudo mudou! O país aderiu à globalização, abriu as portas para empresas estrangeiras dotadas de alta tecnologia e, assim, acirrou a concorrência no mercado interno. Quem não soube se modernizar e se adequar ao novo paradigma faliu ou está lutando até hoje para se estruturar de forma competente a gerir negócios.

Atualmente, mais de 60% da economia do Brasil é serviço. Em segundo lugar, vem a agricultura. A indústria tem uma participação pequena, sendo que a de procedência familiar representa minoria na economia. O fato é que, nos últimos 30 anos, o volume de pequenas e médias indústrias do país que desapareceram é alto. Quebraram ou foram vendidas.

A questão é macroeconômica: globalização e depreciação do real. Tudo isso determinou que produtos de consumo são mais fáceis de serem fabricados por multinacionais ou de serem importados do que serem produzidos por uma pequena ou média empresa local. Estas, com capacidade reduzida, têm condição de produzir apenas em pequena escala, enquanto as multinacionais conseguem trabalhar em altíssima produção, com uma gama enorme, também, de outros produtos.

Assim como o Plano Real abalou as estruturas comerciais do país, eventos mais recentes também influenciaram na forma de fazer negócio. A crise financeira de 2008 nos Estados Unidos foi um deles. Devido à queda no valor das ações, o aumento no preço do dólar e a diminuição do crédito, muitas empresas familiares brasileiras tiveram que repensar seus investimentos, e nem todas conseguiram sobreviver. Mesmo assim, parece que nada se compara à terrível ameaça pela qual estamos passando agora: os efeitos da pandemia do Covid-19 e a guerra entre Rússia e Ucrânia.

Mais uma vez, um contexto externo dificulta a situação das famílias empresárias. Devido à pandemia, tanto no Brasil quanto nos Estados Unidos, o volume de liquidez no mercado aumentou, de 2020 para 2021, em 40%. No mundo inteiro, o valor do dólar está caindo em relação às outras moedas, exceto no Brasil. Isso porque o país também aumentou sua liquidez na mesma proporção. Ora, quando se aumenta liquidez, a expectativa na fase seguinte é de inflação. Mas, verdade seja dita, este não é um fato isolado. É a macroeconomia como um todo que sofre as consequências pelo excesso de oferta de dinheiro em circulação. Isso provoca demanda, e demanda provoca inflação.

Diante do assombroso panorama, alguns ramos de pequenos e médios negócios não conseguiram aumentar seus preços na mesma proporção de seus insumos e se encontram no "vermelho". Sem mexer no preço, não há sobrevivência. Em empresas familiares, essas dificuldades costumam ser perigosas. Geralmente não se tem iniciativa, ninguém toma decisão, e a tendência é piorar cada vez mais.

Há saída para a empresa familiar prosperar no Brasil de hoje? Sim e são muitas, como você verá nos próximos capítulos. Porém, antes de ser apresentado aos caminhos e às soluções para o futuro, convido você a ler a história das duas famílias que completam a primeira parte de nosso livro. Fruto do trabalho de imigrantes que aqui desembarcaram, em busca de melhores condições de vida. Ambas as empresas inspiram em suas trajetórias e revelam como o sucesso pode vir de diferentes formas.

***

Família Papaiz, uma trajetória de sucesso

Desde 2015, a Papaiz, empresa de cadeados e fechaduras, e a Udinese, fabricante de componentes para esquadrias, pertencem à multinacional sueca Assa Abloy, a número um do ramo no mundo. Hoje, a família do fundador,

Luigi Papaiz, atua na área imobiliária. A antiga fábrica paulista, de 60 mil metros quadrados de área construída, transformou-se num condomínio industrial, composto de vários espaços alugados por diferentes empresas e infraestrutura de restaurante, para atender os funcionários.

Além desse polo, a família possui outro em Salvador – BA, com 40 mil metros quadrados de área construída. Alugado pela Assa Abloy, é lá que os produtos Papaiz continuam sendo produzidos. Também na Bahia, eles possuem uma grande fazenda de plantação de eucalipto, mas ainda não há recursos para tocar esse ramo agropecuário. É algo para o futuro.

Para a família, foi um processo de aprendizado mudar o foco dos negócios para algo patrimonial. Tiveram que adaptar sua personalidade e mentalidade industrial para um novo tipo de mercado. Fato é que a área industrial no Brasil é bastante difícil e concorrida, por isso chegou-se ao consenso que, para a terceira geração, ia ser complicado seguir em frente. Afinal, é necessário muito investimento para modernizar equipamentos e produtos. Migrar para o ramo imobiliário não só facilitou os negócios, como também manteve a família unida. Além disso, esse é o caminho de grande parte das empresas familiares no Brasil: começam com uma indústria ou um comércio e depois vão se patrimonializando; no caso deles, uma administradora de bens patrimoniais.

A terceira geração na empresa da família teve início com a neta mais velha, Maria Luisa, que atuou por um tempo e depois saiu para abrir seu próprio negócio. Em seguida, vieram como estagiários Maria Angela, Pierluigi e Gianpaolo. Em dezembro de 2020, no entanto, foram criadas três *holdings* familiares, sem vínculo algum com sua origem industrial, uma para cada herdeiro direto — Sandra, Paolo e Roberta —, onde os sete netos também participam. Além de Paolo, fazem parte do conselho Rafael, genro de Sandra, e Ricardo, marido de Roberta. De comum acordo, eles poderão atuar somente até os 65 anos de idade. Vale destacar que a ideia de reorganização societária vinha sendo estudada desde a morte de Luigi Papaiz, em 2003.

Um negócio com começo, meio e final feliz

A história dos Papaiz em São Paulo começa pós Segunda Guerra Mundial. Os Bauducco estão entre os primeiros imigrantes italianos dessa fase, seguidos pelos Comolatti e os Papaiz, entre outros. Nascido em Friuli Venezia Giulia, Luigi Papaiz veio de uma região sofrida da Itália. Todos queriam sair de lá, tanto que seu pai, Sarafino, e irmãos já tinham imigrado algumas vezes para os Estados Unidos e Canadá. Passavam longas temporadas por lá, de até 20 anos consecutivos, fazendo trabalhos manuais.

Ainda solteiro, o pai de Luigi já tinha permanecido um bom tempo na Prússia, trabalhando numa aciaria (empresa siderúrgica que transforma ferro em aço). Ao casar-se com Enrica, esperou o quarto filho nascer para reiniciar suas andanças fora da Itália. Com dificuldade no sustento da família, ele e mais quatro irmãos escolhem a Califórnia como destino. A viagem era uma aventura: desembarcava-se do navio em Nova York, percorria-se um trajeto de trem e, finalmente, pegava-se uma carruagem, único meio de transporte, para chegar à Califórnia. Ali, permaneceram uma década, enquanto as esposas os aguardavam junto aos sogros e filhos.

Mesmo enviando dinheiro regularmente aos parentes, os cinco irmãos fizeram um bom pé-de-meia. Três voltaram à Itália e cada um comprou um sítio e uma casa. Luigi nasce nessa época, em 1924, sendo o último filho do casal. Ao completar três anos, seu pai viaja novamente. Dessa vez para o Canadá, com os três filhos mais velhos. Foram mais sete anos longe da família. Os Papaiz nunca tiveram medo de se aventurar por países desconhecidos e sempre escolheram lugares mais desenvolvidos que a Itália.

O pequeno Luigi adorava ouvir os relatos das antigas cartas do pai, contando sobre a mecanização da agricultura na Califórnia, com suas poderosas colheitadeiras de tomate. Para ele, aquilo era o máximo. Assim que pôde, foi estudar em Bologna, no colégio técnico Salesiano. Formou-se, voltou a Friuli Venezia Giulia, mas, em 1947, quando a Segunda Guerra Mundial já tinha terminado, retornou a Bologna.

Ali, junto com sócios, criou pequenas fábricas para executar encomendas e desenvolver dois produtos: um regulador para gás e um ferro elétrico a vapor, ideia enviada pelos irmãos que estavam no Canadá. Estes, por sinal, emprestaram o capital para Luigi comprar o maquinário necessário. Foram cinco anos de muito suor, trabalho e paixão por aquela que viria a ser sua esposa, Angela Morisi, uma linda moça bolonhesa.

O final dos anos 1940 e o começo dos anos 1950 não foram fáceis para a Itália. Viviam-se os difíceis tempos do pós-guerra, quando o mercado de trabalho estava à míngua. Muitos imigraram para Argentina, influenciados pelo discurso progressista de Evita Peron, durante sua visita a Roma. Luigi também estava disposto a seguir para lá, porém a burocracia do país impedia que ele levasse suas máquinas.

Tentou o Chile e também não deu certo. Resolveu, então, procurar o consulado brasileiro, em Firenze. A recepção foi calorosa, e em poucos dias, com 27 anos de idade, ele embarca rumo a São Paulo, junto com seu equipamento. Estávamos em 1952, e a ideia era ficar apenas dois anos no Brasil, o que acabou se estendendo por mais de cinco décadas.

Chegando a São Paulo, Luigi tenta emplacar seu regulador de gás e ferro elétrico a vapor, mas ambos não dão certo. Um ano depois, ele conhece uns conterrâneos que, na Itália, já tinham trabalhado numa grande indústria de ferragens. Estes lhe apresentaram umas amostras de cadeados e de fechaduras para móveis e lhe propuseram fabricar peças semelhantes. Devido à grande concorrência, o cadeado foi um fracasso, mas, graças a um entendimento com a empresa Securit, ele começou a produzir fechaduras. Primeiro, só para a Securit, depois, para várias moveleiras da cidade. O mobiliário de escritório, na época, tinha muitas portas e gavetas fechadas a chave, por isso os pedidos logo se multiplicaram. Assim, por 15 anos Luigi trabalhou exclusivamente para a indústria de móveis de escritório.

Os primeiros tempos foram difíceis. Em 1954, quando nasce a primeira filha do casal, Sandra, quase não sobrava dinheiro nem para comprar alimentos. Mas, nos anos 1960 e 1970, a indústria brasileira prosperou muito. O negócio de Luigi ganhou raízes sólidas, suficientes para aguentar os altos e baixos dos anos seguintes, até mesmo quando os chineses abalaram os mercados do mundo. Nessa altura, a marca Papaiz, que voltou a fazer cadeados, além das fechaduras, já estava consolidada no mercado dentro do segmento médio-alto, tanto em qualidade, quanto em preço.

Em 1967 Luigi cria a Udinese, uma empresa de acessórios para esquadrias de alumínio, um segmento em que os concorrentes em cadeados e fechaduras não dominavam. Os negócios, então, cresceram muito e ganharam o mundo. Cerca de 30% da produção, por exemplo, passou a ser exportada para mais de 40 países. Foram abertas também filiais comerciais no Canadá, Estados Unidos, Hong Kong e Argentina.

Sempre antenada com as novidades em termos de equipamentos, embalagens e produtos, a família participava de todas as feiras e exposições internacionais do setor.

Os fabricantes se conhecem, e sempre havia rumores que gigantes suecas e americanas estavam de olho em marcas menores, porém promissoras. Para Luigi, vender suas empresas estava fora de questão.

De volta ao passado

Luigi chegou solteiro no Brasil, em maio de 1952. Cauteloso, só escreveu para a noiva, pedindo que ela viesse, quando se certificou do bom potencial de trabalho por aqui. O casamento foi realizado em agosto, em São Paulo, e Angela e Luigi se instalaram na Vila Prudente. Ali, foram construindo devagar, num terreno ao lado do outro, até ocupar uma quadra inteira. O resultado final foi uma fábrica bem edificada, com vários andares, além de uma outra unidade próxima.

Primeira fábrica da Papaiz, no bairro da Vila Prudente, em São Paulo. Década de 1950.

Turma inaugural de colaboradores, com Luigi Papaiz à direita, em pé, de camisa branca.

Em 1980, quando a Companhia Ambiental do Estado de São Paulo (CETESB) começou a fazer muitas exigências, Luigi lembrou-se das belas fábricas construídas na beira das estradas italianas, a partir dos anos 1960. Seu tino imobiliário lhe dizia para procurar um lugar semelhante, com potencial de desenvolvimento, alto o suficiente para não correr risco de alagamento e com uma bela vista. Com essa ideia, soube de um terreno disponível em Diadema, às margens da Rodovia Imigrantes. Apesar de muitos acharem uma loucura, pois o Sindicato dos Metalúrgicos do ABCD era extremamente atuante naquela cidade, Luigi não se intimidou e lá construiu sua portentosa fábrica.

Complexo industrial da Papaiz, em Diadema, SP.

O mesmo esmero com a localização e a arquitetura do prédio aconteceu 20 anos depois, quando a fábrica de Salvador foi inaugurada às bordas da estrada que leva a Feira de Santana. A filosofia de Luigi era que, se por um deslize do destino as fábricas não fossem para frente, os imóveis, bem localizados e de construção sólida e funcional, continuariam a se valorizar sozinhos.

A decisão de levar a fábrica para a Bahia se deu devido a incentivos fiscais e a mão de obra e metro quadrado mais baratos. São Paulo estava se tornando caro demais para manter os negócios. Quando o governo baiano soube do interesse de Luigi, enviou uma equipe técnica para conversar com ele. Cientes das exigências do empresário, os técnicos encontraram uma bela fábrica, que foi comprada com um financiamento do Banco do Nordeste.

Como a mudança iria ser aos poucos, a princípio saiu de Diadema apenas a metade das instalações. A segunda metade foi levada em 2008, pelos filhos. Com a fábrica de São Paulo totalmente vazia, os espaços foram liberados para serem alugados a terceiros. A localização estratégica da fábrica de Diadema — perto do Rodoanel e do Porto de Santos — ajudou muito a encontrar rapidamente bons inquilinos.

Polo da Papaiz em Salvador, Bahia.

Segunda geração

Sandra, a filha mais velha, foi a primeira a ingressar na empresa da família. De temperamento rebelde, saiu em 1990 porque não concordou com o pai em colocar Paolo, seu irmão mais novo, como vice-presidente. A justificativa machista, por ela ser mulher e casada, a fez se sentir preterida. Além disso, ela discutia muito sobre deixar a empresa organizada para a sucessão, coisa que o pai não queria nem ouvir.

Luigi era brilhante em tudo o que fazia, mas, como acontece com a maioria dos fundadores, não estava disposto a preparar sua sucessão. A mesma veia competitiva que o fez ter sucesso no início de tudo o acompanhou a vida toda, por isso ele não queria, por exemplo, formar um conselho, no qual teria que repartir decisões. Apesar de amar mulher e filhos, Luigi era fruto de uma geração autoritária, daí nada a estranhar sua relação *padre padrone* com os filhos.

Aos 19 anos, Sandra foi trabalhar com o pai como gerente de exportação, fazendo questão de se inteirar de tudo sobre a empresa. Todavia nunca se acostumou com a tradição italiana de prestigiar o filho homem, aquele que vai levar o sobrenome da família adiante. Assim, depois de 16 anos, preferiu sair da linha de frente, permanecendo apenas como sócia minoritária e ganhando seu pró-labore por direito. Detalhe: ao completar 18 anos, todos os filhos tornavam-se sócios da empresa, com 3% de participação.

Com formação em Direito, Sandra nunca exerceu a profissão. Assim, ao deixar suas atividades na Papaiz, ela montou com o marido, Domingos Refinetti, a praça de alimentação Pateo Maria Antônia, para 12 lojistas, ao lado da Universidade Presbiteriana Mackenzie. Em seguida, abriu uma agência de propaganda, iniciou uma plantação de soja em Cristalina – GO e, por último, exerceu por quatro anos o cargo de diretora na Fundação Faculdade de Medicina, ligada à Faculdade de Medicina da USP. Hoje, ela agradece ao pai pelo episódio do passado. O afastamento da empresa da família a fez crescer muito como pessoa e profissionalmente.

Em janeiro de 2003, Sandra voltou para a Papaiz. E com pai restabelece os velhos laços profissionais. Luigi já pensava em se aposentar e aceitou a exigência da filha mais velha: criar três vice-presidências. Por afinidade, Paolo ficou com a área industrial; Sandra, com a área administrativa-financeira; e Ricardo, marido de Roberta (que preferiu seguir como veterinária), com as áreas comercial e comércio exterior.

Infelizmente, em dezembro do mesmo ano em que Sandra voltou para a empresa, seu pai faleceu na Itália, aos 79 anos. Talvez sua morte prematura esteja ligada a dois fatos: o episódio do sequestro da esposa, em 2001, e o afastamento do comando da empresa. Afinal, Luigi foi um fundador muito presente desde o início e sucessão nunca foi um assunto fácil para ele.

Por 12 anos, o negócio ficou nas mãos da segunda geração, que, entre outras mudanças, passou a cobrar aluguel das próprias fábricas. Assim nascia a área imobiliária da família. Depois de 10 anos da morte do fundador, a Assa Abloy começou a sondar em relação à compra da Papaiz e da Udinese, incluindo marcas, operações, equipamentos e fundo de comércio. Os imóveis não fizeram parte do acordo, continuaram com os donos originais.

Por dois anos, houve um impasse em relação à venda. Sandra não queria; os demais achavam que era a hora certa de fechar o negócio com a multinacional sueca. Para não perder o *timing* do interesse, Sandra concordou com a proposta, desde que constasse no contrato que, no dia que a Assa Abloy quiser vender as duas empresas, a família Papaiz deverá ser a primeira a ser comunicada.

E assim foi feito. Como as duas empresas estavam bem organizadas, com auditoria e contabilidade externas, parte jurídica em ordem e sem dívidas, a venda foi rápida.

Como toda empresa familiar, muitas foram as mudanças, as opiniões discordantes e as situações estressantes ao longo do caminho. Os Papaiz, porém, nunca romperam seus laços familiares. As discussões de trabalho jamais abalaram a união da família.

Hoje, os herdeiros comemoram a decisão de criar uma área imobiliária que, no futuro, pode ter promissores desdobramentos. Um estudo de mercado e de viabilidade econômica, por exemplo, já avaliou a possibilidade de transformar a antiga fábrica de Diadema num centro multiuso, com hotel, shopping e área de exposição.

A alternativa tem lógica, uma vez que o metro quadrado da região está se tornando cada vez mais caro e chegará um momento que alugar o espaço para fábricas se tornará inviável. Já um empreendimento misto, encostado nos bairros de maior poder aquisitivo de São Paulo, pode gerar uma renda muito maior.

Sem dúvida, a visão perspicaz do patriarca da família tem tudo a ver com o desfecho dessa história. Luigi Papaiz, o jovem imigrante italiano, que aqui chegou no começo da década de 1950, soube construir seu império sempre com os olhos voltados para o futuro.

Todos os herdeiros seguem trabalhando firme. Sandra montou, faz cinco anos, a Papaiz Gas Control, para a produção de reguladores para gás. Paolo administra os Centros Empresariais Papaiz, com a ajuda de Ricardo e Rafael, e Roberta exerce a profissão de veterinária. Quanto aos netos, Maria Luisa constrói casas, junto com o marido; Maria Angela tem uma empresa de marketing; Pierluigi mora em Londres, onde trabalha com produção musical; Gianpaolo montou uma empresa dedicada à produção de materiais para o mundo *maker*; Leonardo trabalha com fusões e aquisições; Isabella é estagiária de um banco internacional; e Gabriella estuda para o vestibular de Medicina. Os dois bisnetos, Luca e Laura, respectivamente, 10 e 8 anos, também iniciam seus estudos.

Para as novas gerações, além do exemplo, Angela e Luigi deixaram uma importante mensagem: "O passado nos ensina que devemos nos manter humildes e fiéis ao trabalho".

Luigi na primeira lambreta usada para entrega de produtos, a mesma onde os filhos Sandra, Paolo e Roberta posaram anos mais tarde.

***

Sakura, uma empresa de raízes sólidas

A imigração japonesa começa no Brasil em 1908, no entanto Suekichi Nakaya, fundador da Sakura, só chega na leva de imigrantes japoneses de 1932, entre as duas grandes guerras. Com 26 anos, recém-casado, ele veio junto com os pais e a jovem esposa, Chiyoko. Descendentes de samurais, da província de Ehime, sua família sofria com a escassez de alimentos que assolava o Japão na época. Preocupado com a sobrevivência de seu povo, o Império japonês promoveu incentivos para muitos cidadãos migrarem para as Américas.

Um detalhe bastante peculiar é que, para garantir que seus compatriotas não estranhassem demais os hábitos alimentares dos países americanos, o governo forneceu para todos os emigrantes as receitas do shoyu (molho de soja), do missô (massa de arroz e soja) e do tofu (espécie de queijo feito a partir do leite de soja).

Os Nakaya entusiasmaram-se com a possibilidade de alcançar esse novo mundo, propagandeado como o Eldorado. Brasil e Estados Unidos eram os destinos mais procurados. Como eles já tinham parentes trabalhando numa fazenda de café na cidade de Promissão, interior de São Paulo, optaram pelas terras brasileiras.

Após dois anos da chegada, Suekichi adoeceu gravemente devido à alimentação e ao clima, totalmente diferentes do que estava acostumado. Buscando tratamento, ele e a esposa transferem-se para São Paulo.

Na fazenda de café em Promissão, interior de São Paulo: à esquerda e à direita, o casal Suekichi e Chiyoko Nakaya. Ao centro, os pais de Suekichi, os demais são familiares que já estavam estabelecidos no Brasil.

A história muda de rumo

Com a saúde recuperada, empregou-se como balconista na loja de familiares, a tradicional Casa Nakaya, na Praça João Mendes. Reduto da colônia japonesa paulista, o jovem funcionário logo fez amizade com outros conterrâneos e foram estes que sugeriram a ele a fabricação do shoyu e do missô. Apesar de todos saberem como fazer os produtos, quem vivia na cidade não tinha mais tempo nem espaço para isso, portanto havia uma próspera demanda.

Assim teve início sua produção, de forma caseira e com muita qualidade, em sua moradia, uma chácara na Avenida Adolfo Pinheiro. Encontrando dificuldade para obter o trigo, adicionado à soja no processo de fermentação natural do shoyu, segundo a milenar receita japonesa, Suekichi Nakaya fez vários ensaios com outros ingredientes, até que teve a ideia de utilizar o milho, fórmula exclusiva mantida até hoje.

A aceitação foi grande. Não demorou muito para distribuir por toda cidade. Em 2 de outubro de 1940, formalizou-se a criação da empresa Sakura Nakaya Alimentos, que passou a ocupar um imóvel na Vila Carrão.

Família Nakaya com os três filhos nascidos no Brasil.

Apesar das melhores instalações, o negócio se manteve enxuto, com apenas dois funcionários. Com três filhos, o último, Renato, nascido em 1944, e fiel à tradição japonesa de dar formação acadêmica superior aos dependentes, Suekichi fez muitos sacrifícios para manter viva a produção do shoyu e do missô e assim dar sustento à família.

No entanto, entre 1960 e 1970, o fundador da Sakura começou a aventar a possibilidade de encerrar a empresa. Seus produtos não emplacavam fora das colônias japonesas e os filhos não queriam dar continuidade aos negócios do pai. A filha mais velha era formada em Saúde Pública, o do meio abriu um comércio de relógios, e o caçula já tinha escolhido a área petroquímica.

Renovação, com respeito às origens

Em 1971, quando Renato se forma em engenharia química na Faculdade de Engenharia Industrial (FEI), Suekichi confronta o filho e pergunta se ele gostaria de continuar a fábrica, pois a sua missão já estava cumprida. O caçula respondeu que sim, porém com uma condição: ir ao Japão para estudar a fabricação moderna do shoyo e do missô. O progenitor rapidamente conseguiu os melhores contatos em sua pátria, e, por três meses, Renato aprendeu tudo o que queria nos mais importantes centros de estudos. Nessa época, o Japão entrava no *boom* da tecnologia. Não havia melhor lugar para se atualizar.

O recém-formado uniu a parte teórica da faculdade com a metodologia avançada da indústria japonesa e deu um novo começo à Sakura, que ainda se mantinha com apenas quatro funcionários e fornecendo somente para São Paulo. Enaltecendo e respeitando os mais velhos, como manda a educação japonesa, Suekichi manteve-se na presidência até 1984, quando faleceu. Só então Renato assumiu o posto de presidente. No entanto, enquanto ativo, o fundador aceitou bem as novas diretrizes do filho, afinal sabia que até ali tudo que havia sido feito fora empírico, por percepção e por julgar ser o mais certo.

Agora, com fundamentos técnicos, científicos e tecnológicos, o herdeiro se posicionou como maestro de uma orquestra, regendo vários "músicos" para implantar corretamente suas novas ideias. Criou departamentos de marketing e de produção, inseriu tecnologias avançadas e treinou colaboradores, entre outras ações. Sempre medindo bem o tamanho de seus passos para não ir além de suas possibilidades.

O momento de crescimento para a Sakura era perfeito. Na década de 1970, o Japão expôs para o mundo suas qualidades e avanços tecnológicos, mostrando produtos de alta qualidade e oferecendo intercâmbio de conhecimento a outros países. Crescia, assim, o interesse por sua cultura, costumes e, claro, alimentação.

Renato soube aproveitar muito bem a oportunidade. Manteve a fórmula milenar da produção do missô e reforçou a receita exclusiva do pai no shoyu, mantendo a tradicional fermentação natural, que pode durar até 9 meses. Em 1973, investiu maciçamente em marketing, e os pedidos começaram a surgir de norte a sul do país. A logística da entrega de apenas esses dois produtos dava prejuízo. Para contornar o problema, lançou novos itens, como molhos inglês e de pimenta com a marca Kenko.

Renato Kenji Nakaya, entre sócios, na fábrica da Sakura, década de 1970.

Descendência ativa e comprometida

Contrariando a tradição japonesa de casamentos arranjados pelos pais, Renato casou-se com uma descendente de italianos. Com ela, tem quatro filhos: Priscilla, Henry, Regis e Melline. Atualmente, cada um deles atua em áreas estratégicas: a mais velha, no comércio internacional; o seguinte, é o CFO da Sakura, Regis é fisioterapeuta, mas ajuda o pai no braço agropecuário da família; e a mais nova é responsável pelo setor de incorporações e construções de bens locados.

Renato Nakaya, com esposa, filhos e netos em homenagem do Sesi, 2021.

A sucessão sempre foi assunto prioritário para os Nakaya, que acreditam que só dessa forma as organizações se perpetuam. Assim como o senhor Suekichi preparou Renato para sucedê-lo, há muitos anos ele está fazendo o mesmo com seus filhos e descendentes de outros sócios, desenvolvendo constantemente o planejamento estratégico da empresa. Atualmente, o foco é a estrutura da governança corporativa, apoiada pelo conselho de administração, formado por pessoas hábeis no negócio.

Em 2 de outubro de 2020, quando a Sakura completou 80 anos, Renato passou o bastão de presidente para um CEO, um profissional da área, ficando agora como *Chairman* da companhia. No entanto o profissionalismo já vem de longa data. Há tempos os departamentos de marketing, de venda, de logística e de patrimônio estão sob o comando de diretores profissionais. A empresa possui ainda mais duas *holdings*, onde o cunhado e os primos de Renato atuam na diretoria.

Vida longa à Sakura

Detentora de tecnologia única no mundo para fabricação do shoyu, a Sakura é constantemente assediada por concorrentes nacionais e internacionais. A venda da empresa, porém, está fora de questão. A intenção é seguir o exemplo de companhias como a Yamasa, presente no Japão há mais de 360 anos.

Octogenária, a brasileira Sakura — cujo nome homenageia a flor da cerejeira, tradicional do Japão — atribui seu sucesso não só à formação que o fundador deu aos descendentes, mas também ao acolhimento do Brasil em relação aos imigrantes japoneses e à fé ao Pai Celestial, que permitiu à família passar seus preceitos morais adiante. Daqui para frente, é só continuar com bom senso e trabalhar para oferecer o melhor produto, nunca pensando em proveito próprio.

Progredir sempre, afinal a concorrência dos tempos atuais é feroz. Quem não se ativer a isso pode, a qualquer hora, acordar morto. Por isso, empresas familiares precisam tomar muito cuidado para não se deter em problemas menores, não há mais tempo para isso.

Felizmente, a Sakura sempre teve como saída estratégica produzir o melhor produto do mercado e mais barato que seus concorrentes. A competitividade está no DNA da empresa. Não à toa, há anos ela se destaca das demais pelo respeito ao meio ambiente, sem gerar efluentes nem outros tipos de resíduos poluidores. Tudo isso faz da marca um exemplo de qualidade e responsabilidade, estando hoje presente em 18 países da América Latina, Europa e até Japão, onde o shoyu brasileiro é muito bem-visto. Tanto que o Imperador japonês ofereceu a medalha de reconhecimento pelo trabalho da Sakura na divulgação de produtos do Japão no Brasil, notadamente o shoyu e o missô.

Outra conquista importante foi a aprovação do INPI – Instituto Nacional da Propriedade Industrial — da patente do processo de fabricação do shoyu para o produto Sakura Kin. Desenvolvido por uma equipe técnica encabeçada pessoalmente por Renato Nakaya, o refinado molho, sem adição de conservantes ou corantes, sem glúten e com paladar e aroma únicos, foi lançado em 2020, por ocasião das comemorações dos 80 anos de fundação da empresa.

Sakura Kin, produto desenvolvido por Renato Nakaya em comemoração dos 80 anos de empresa.

Com um portfólio de mais de 300 produtos diferentes, muitos dos quais inovadores e sem similares no mercado, e operando em quatro plantas industriais (no Estado de São Paulo, na Capital, em Presidente Prudente e Boituva, e em Goiás, na cidade de Ouvidor), a Sakura hoje é considerada a maior produtora de molhos líquidos e também a maior fornecedora de produtos asiáticos para o mercado, tanto de varejo como de *food service*. Além disso, a companhia possui um histórico de pioneirismo, como o lançamento do molho de soja em embalagens PET; do molho de soja light e das conservas vegetais em embalagem abre-fácil, dentre vários outros casos de sucesso.

CAPÍTULO 2

As intrincadas relações humanas nos negócios familiares

Com uma produção tradicionalmente familiar, não há o que estranhar que hoje, no Brasil, 90% das empresas possuam esse perfil, o que representa cerca de 65% do PIB (Produto Interno Bruto) e emprego para 75% dos trabalhadores no país (dados do Instituto Brasileiro de Geografia e Estatística – IBGE, 2018).

No restante do mundo, os números são similares. Estima-se que 95% dos negócios desenvolvidos na Ásia, no Oriente Médio, na Itália e na Espanha são controlados por famílias. O mesmo ocorre em economias industriais mais maduras, como na França e na Alemanha, em que mais de 80% das empresas são de propriedade particular. Nos Estados Unidos, as famílias controlam de 60 a 70% das empresas do país.

À primeira vista, o cenário parece bem favorável aos empreendimentos dessa natureza. No entanto, para enfrentar os desafios apresentados por um mundo que, mais do que nunca, se transforma num ritmo acelerado, é preciso rever valores, crenças e práticas. A longevidade das empresas depende de como tais mudanças serão enfrentadas e superadas.

Diferente dos demais tipos de empresa, a gestão familiar é complexa, pois envolve laços consanguíneos. A intimidade faz aflorar mais facilmente conflitos de interesse sobre o futuro do negócio e disputas pelo poder. Tudo porque, como se trata de familiares, costumamos falar mais abertamente que com outros menos chegados. O diálogo franco e sem "filtros" acaba dificultando o relacionamento na empresa familiar, chegando a provocar ofensas, indelicadezas, rancores e falta de cuidado na relação com o outro. Sem falar nas oscilações de ânimos. Um dia todos se amam; num outro os parentes parecem querer se matar.

No livro *Empresas Familiares – seus conflitos clássicos e como lidar com eles*, os autores Grant Gordon e Nigel Nicholson chamam esse tipo de relação de guerra familiar. Para eles, quando negócios e parentesco se misturam não é raro irmãos tentarem superar uns aos outros; filhos lutarem com pais pelo poder; um ramo da família se empenhar no controle sobre outro grupo ou marginalizá-lo.

Sim, envolver pessoas do "mesmo sangue" pode dificultar todo tipo de decisão e negociação. E não importa o tamanho da empresa — até nas mais bem-sucedidas os desentendimentos são comuns. A falta da troca de ideias entre seus membros gera um desconforto crônico nas famílias empresárias, algo que ninguém sabe realmente de onde vem. Muitas vezes, todos concordam que é preciso mudar, fazer alguma coisa para poder alinhar as regras do jogo com os demais parentes. No entanto, na hora de definir o que e como fazer, a discussão se acirra; chegando ao ponto de os envolvidos até romperem entre si. Tudo porque, erroneamente, alguns entendem o processo de mudança como um ataque pessoal. Uma pena, porque ouvir a experiência do outro é sempre muito enriquecedor.

Tamanha passionalidade tem motivo, afinal toda empresa familiar nasceu da paixão de um dos seus membros ou mais, que se dedicaram por anos, trabalhando duro e sacrificando momentos importantes de sua vida para ver o negócio prosperar.

Diante de questões tão intangíveis, as quais se agravam ainda mais principalmente quando a família empresária é numerosa, o tempo de consolidação das mudanças necessárias tende a ser lento, o que pode significar a morte para corporações de negócios do século XXI.

Amor e trabalho

Duplamente desafiador, os empreendimentos familiares têm que enfrentar não só os problemas organizacionais comuns a qualquer empresa, como também os problemas emocionais. Nesse universo não racional, o pensamento estratégico e as práticas empresariais costumam ser afetadas pelas necessidades afetivas da família.

Estudos clínicos revelam que uma das maiores queixas de pessoas que trabalham em negócios da família é que seus líderes costumam, involuntariamente, extravasar seus conflitos, desejos e reações de defesa no dia a dia da empresa. Outra mágoa comum se refere ao medo em convidar para eventos sociais da família parentes que divergem.

Isso acontece pelo fato de família e trabalho não estarem adequadamente separados entre si. Dessa maneira, a empresa, passível aos aspectos emocionais de seus donos, torna-se uma extensão da vida privada, com as mesmas regras e padrões comportamentais. O apego ao negócio faz com que não se consiga enxergar que a família está em outro âmbito. Quando não há limites entre as duas esferas, os processos gerenciais costumam ser atingidos negativamente.

Se os problemas do negócio vêm de casa, é por aí que as mudanças devem começar. Na maior parte das vezes, as diferenças de pensamento, de interesses, de necessidades e de planos pessoais impedem a harmonia familiar. Para superar esses traumas, é necessário desenvolver a qualidade dos relacionamentos íntimos. Somente depois de tal melhora é que se pode partir com mais segurança e calma para os ajustes que a empresa pede.

Vale destacar, entretanto, que as prioridades socioemocionais refletidas na cultura da empresa familiar não são estáticas ao longo do ciclo de vida organizacional. Com o crescimento da família, a partir de casamentos e uniões, são introduzidos novos valores, que impactam nos relacionamentos e demandam ajustes. Cada geração que atua na gestão do negócio costuma ter objetivos e expectativas diferentes das outras. Portanto, a harmonia familiar é uma dinâmica que precisa estar sempre atualizada.

Numa análise fria, pode-se dizer que tudo não passa de uma competição entre a família. Afinal, o que se colocou em discussão até aqui foi afeto, reconhecimento, posição. Para lidar com todas essas questões psicológicas, é comum a empresa ficar para trás. São tantas arestas a aparar que o cansaço embaça a lente do negócio. Para um funcionário contratado, basta fazer sua função; para o familiar que exerce um cargo, ele também tem que lidar com esses outros aspectos subjetivos. Não é fácil, não.

Mas não pense você que é uma armadilha nascer numa família empresária, muito menos uma sentença, que se terá que trabalhar sempre junto aos seus. As separações são inevitáveis, pois as empresas evoluem, seus interesses se ramificam, assim como os interesses das pessoas. Até porque não é raro nos identificarmos melhor com amigos do que com parentes, o que torna difícil a convivência profissional entre filhos, irmãos, primos e tios, principalmente na hora das decisões.

Por sinal, são as questões decisórias que mais trazem à tona os conflitos. Para entender o que acontece, é preciso regredir no tempo. Misteriosas e carregadas de rusgas, as relações familiares são construídas enquanto os filhos ainda são pequenos. Como nessa fase as crianças não possuem nenhum tipo de filtro, muitos dos traumas permanecem submersos por anos. Porém, na hora que determinadas questões são resolvidas na rotina da empresa, a tendência é dar vazão às mágoas arraigadas. O que só atrapalha, pois o momento pede decisões estritamente profissionais.

O problema se agrava sobremaneira quando o patriarca não está mais no comando. Os que não podem decidir se sentem submissos, pois, como herdeiros, não querem responder para um outro herdeiro, como eles. Um entendimento distorcido, pois se tratando de negócios ninguém está se dirigindo a um parente, mas sim a uma pessoa que está num cargo o qual precisa apresentar resultado.

Em famílias empresárias, é comum, ainda, encontrar membros totalmente dependentes do negócio para viver. Pressionados, não conseguem dar seu melhor, pois se veem presos naquela situação. Geralmente, são essas as pessoas que mais ficam na defensiva nos encontros de ajustes da empresa. Tal situação acontece muito em negócios em que o fundador também é extremamente ligado no que possui. O medo de tomar decisões que possam comprometer a sobrevivência de seus dependentes faz com que os processos de mudanças sejam deixados de lado.

Quando os herdeiros se dão conta de que pode haver outra solução para seu patrimônio, que ele pode vir de outra renda e não apenas da empresa, e quando o patriarca entende que ele trabalha naquilo porque ama o que faz e que ficará ali até quando for conveniente para o empreendimento, todos relaxam e o diálogo com a família flui melhor.

No mundo ágil que vivemos, quanto mais rápido as famílias empresárias tirarem seus nós pessoais e fazer disso uma trilha a seguir, maior será sua sobrevivência. As contradições familiares só atrasam o desenvolvimento dos negócios. Sempre é tempo de parar, repactuar e continuar com quem de fato se afina com a proposta. Isso vale até mesmo às empresas que hoje se encontram à beira do colapso.

Para que as mudanças ao longo da vida sejam feitas em harmonia, mesmo diante do desafio do fracasso, as famílias empresárias têm que respeitar seus membros. Afinal, **NINGUÉM PRECISA PERTENCER A UMA EMPRESA, MAS TODOS JAMAIS DEIXARÃO DE PERTENCER À SUA FAMÍLIA.**

Olhando ao redor

Dentro das famílias empresárias, as pessoas brigam com quem está próximo a elas e não percebem que o desafio é muito maior, abrangendo o mundo. Talvez, o detonador de tantos conflitos passionais ultrapasse a esfera doméstica, tratando-se de algo histórico. Não se pode esquecer que todo negócio pertence a um contexto macro, surfando no momento econômico em que o país se encontra.

Discutir com a família não cura o desconforto da paralisação diante das mudanças do mercado. Os verdadeiros problemas administrativos, muitas vezes, estão fora desse núcleo. Hoje, boa parte da discórdia entre sócios e herdeiros é efeito da ruptura que as economias vivem. No entanto eles não se dão conta do momento. Centrados em seu próprio mundo, acreditam que a culpa é deles pelo negócio estar quebrando.

Grave engano, pois suas empresas estão inseridas nesse grande sistema. O desafio, a partir de agora, depende em não romper com a família por causa do fracasso do empreendimento, mas entender que isso faz parte do processo de evolução.

Quando se altera a ótica das brigas familiares em relação aos negócios, os membros passam a fazer parte de um mesmo time. Nada como um inimigo comum — nesse caso, a economia global — para cessar a luta dentro de casa. Ao ter esse olhar, a família empresária percebe que algo maior a está atacando e passa a se unir para resolver a questão. Essa decisão em conjunto estimula o entrosamento de todos e deixa de escanteio discussões menores, do tipo posições dentro da empresa.

Infelizmente, a realidade é que o maior dilema dessas famílias é o fato de elas não conseguirem selar combinados e passam a criar pequenos feudos dentro do negócio, na tentativa de proteger o que é seu. Aqui, também, a justificativa pode ser buscada fora do nicho doméstico.

O apego aos negócios tem a ver com o histórico econômico do Brasil. Em nações mais estáveis, o empresário não tem receio de ficar sem nada. Já nós, pela instabilidade do país, morremos de medo de perder o que possuímos. Além disso, valorizamos demais a questão social: status é muito importante para o brasileiro.

A partir da segunda geração de comando na empresa, é comum estabelecer-se um padrão de vida mais elevado que a primeira. As exigências crescem em função de interesses mais sofisticados, geralmente ocasionados pela necessidade de inclusão em um determinado nível social. É por isso que tantos se agarram, com unhas e dentes, à sua posição na empresa, não dando espaço para que outros se acheguem.

À luz do processo sistêmico

O processo sistêmico oferece um bom cabedal para o entendimento da complexidade das relações profissionais entre parentes. Sob seu ponto de vista, a família sempre vem antes da empresa. As pessoas são filhos, irmãos, primos, entre outros membros, antes de serem parte da organização, independentemente de estarem em posições executivas, no conselho ou atuando como acionistas.

O contexto familiar e o histórico de relacionamento entre os diversos indivíduos e ramos da família impactam as relações, as dinâmicas e os processos de tomada de decisão na empresa. É por isso que tudo o que acontece na família se reproduz na empresa de forma clara. Trata-se de algo intergeracional.

Quem primeiro desenvolveu estudos a respeito dos vínculos transgeracionais foi a psicanalista francesa Anne Ancelin Schützenberger. Ela criou o genograma e o genossociograma para expressar como gerações passadas podem impactar os acontecimentos de hoje. Portanto, quando se conhece a história familiar, fica mais fácil entender a causa de muitos problemas administrativos.

Por meio da ferramenta sistêmica conhecida como genograma é possível acompanhar o desenvolvimento da família ao longo do seu ciclo de vida. Esse estudo do histórico familiar facilita perceber como certos padrões se repetem geração após geração.

Além disso, faz uma leitura da dinâmica de sucesso e de insucesso do negócio e de como as relações permeiam os membros da família.

Com seu registro gráfico, o genograma possibilita que todos possam fazer uma autoanálise e descobrir que muito daquilo que se julgava culpa do outro é, na verdade, resultado de nosso medo de mudar.

Muitas famílias empresárias formadas por imigrantes, por exemplo, ao construir seu genograma, descobrem que estão vivendo, sem se dar conta, dramas de exclusão. Isso porque, quando se deixa o país de nascimento e se instala numa outra terra, a sensação é a de ter sido excluído de sua pátria.

Tal sofrimento acompanha essas famílias por gerações e se não for detectado, entendido e resolvido, pode atrapalhar muito os negócios.

Outro aspecto bastante conflituoso nas famílias empresárias, apontado por Ancelin em sua "terapia transgeracional psicogenealógica contextual", são pais que não admitem que os filhos sigam sua própria vida.

Nesse abuso da função paterna ou materna, muitos até costumam remunerar os herdeiros que trabalham na companhia com benefícios, para mantê-los por perto.

Nesses casos, a tendência é o filho permanecer na empresa, mas morrer intimamente, o que o impede de ter sucesso em sua atuação. A dependência, seja financeira, seja emocional, suga-lhe toda a energia. Além disso, preso nessa condição, o herdeiro perde o controle de sua própria vida. Assim, ao invés de produzir, acostuma-se a apenas pedir "favores". Um ciclo desleal, pois aquele que mais pede acaba sendo o que mais ganha.

Com o sentimento constante de estar fora do lugar, filhos nessas condições costumam se tornar agressivos, intransigentes e fechados ao diálogo. E a situação se agrava ainda mais quando surge um período de recessão econômica, em que a empresa precisa investir mais em si do que distribuir lucros. Não tendo sido preparados pela família para gerir os negócios, vivendo alheios em sua zona de conforto, estes veem o momento como uma punição e injustiça pessoal.

Mas o que leva uma pessoa a viver nessas condições?

Desde que nasce, todo ser humano faz tudo o que é possível para pertencer à sua família de origem. Os filhos lutam pela atenção paterna, e a riqueza da família, assim como sua empresa, tem-lhes grande valor simbólico.

Entretanto, à medida que evoluímos, social e psicologicamente, o mundo nos desperta outros interesses. Nesse ponto, muitos começam a fazer algo diferente do que os pais aprovam e, assim, de alguma forma, passam a ser excluídos do sistema familiar, pois saem daquele ideal do filho bom, que segue de acordo com o esperado.

Cumprir o propósito pessoal é, sem dúvida, o que todos devem fazer, caso contrário não há crescimento. Por outro lado, seguir um caminho diferente do qual a família espera nos carrega de culpa e nos faz sentir um estranho no ninho. É por isso que muita gente tem medo de querer ir para outro lugar, mas ao mesmo tempo se sente incomodada com os valores da família, que já não combinam mais com suas crenças.

Para alguns, entretanto, chega um momento em que a angústia é tão forte que não dá mais para se autossabotar. É hora, então, de seguir adiante e se tornar o protagonista de seu caminho. Afinal, percebe que o futuro está em suas mãos e não na empresa.

A culpa faz parte do processo, ela sempre estará lá. Porém quem continuar honrando os pais verá com o tempo o sentimento diminuir. Já aqueles que preferem romper com a família se isolarão cada vez mais em sua condição de culpado.

Conclusões

A complexidade nas relações parentais em empresas familiares é real e abrangente. No entanto conflitos são inerentes à convivência humana e podem ser uma oportunidade de mudança para os negócios em família. Detectá-los, entendê-los, encontrar os mecanismos para enfrentá-los e construir em harmonia um novo futuro, sempre é possível, independentemente da fase em que a família e a empresa se encontram.

Os aspectos que descrevemos assinalam os comportamentos psicológicos que permeiam as relações pessoais em empresas de perfil familiar. Vamos expor, a seguir, como eles se manifestam nas diferentes fases pelas quais os empreendimentos passam: nascimento, crescimento, maturidade, declínio e rejuvenescimento.

CAPÍTULO 3

Os possíveis ciclos de vida das empresas familiares

No capítulo anterior, vimos que apesar de as complexas relações humanas permearem o dia a dia das empresas familiares, são essas companhias as responsáveis por significativo percentual de geração de riqueza para a economia mundial. No entanto institutos de pesquisa nos surpreendem com o alto índice de mortalidade desse tipo de empreendimento.

Segundo seus dados, 90% das empresas familiares em todo mundo terminam na passagem da primeira para a segunda geração de comando; somente 12% chegam à terceira geração; e 1%, à quinta. Por outro lado, a mesma pesquisa constata que 41% das famílias empresárias planejam passar a gestão de seus negócios aos herdeiros.

É inegável dizer que toda pessoa jurídica nada mais é do que uma reprodução da pessoa física. Fisiologicamente falando, nascemos, desenvolvemo-nos, crescemos e morremos. No caso das empresas, a diferença é que com elas espera-se uma perpetuidade. A questão é que por mais bem administrado que seja o empreendimento, nem sempre a capacidade de geração de lucros do negócio é suficiente para acompanhar o crescimento da família e prover o sustento de suas necessidades.

Para deixar mais compreensível a dinâmica do ciclo de vida das empresas familiares, nós o dividimos em cinco estágios: nascimento, crescimento, maturidade, declínio e rejuvenescimento. Cada um traz características e situações próprias, porém nem sempre é fácil classificar as organizações, uma vez que elas podem se ver em vários perfis ao mesmo tempo. Isso porque são legítimas as transições ou subestágios. Assim, é totalmente plausível que o leitor identifique sua empresa, hoje, parcialmente inserida em dois estágios diferentes.

***

Nascimento

Via de regra, a empresa familiar nasce para suprir as necessidades básicas do fundador, com a intenção de encontrar meios para sua subsistência, quer dizer, comer, beber, vestir e morar. Trata-se de uma geração adulta jovem, geralmente um casal com filhos pequenos, que não mede esforço para viabilizar o empreendimento. Dessa forma, a empresa é uma mistura de negócio e casamento, com decisões tomadas em conjunto, na maioria das vezes sobre a forma de ganhar e usar o dinheiro.

Por sinal, nessa fase da vida, o que diferencia uma empresa familiar de outras com a finalidade de gerar lucros é a influência significativa da família na tomada de decisões e nas operações do negócio. Graças a esse controle, a família torna-se o fator que distingue as organizações.

Com pouco capital, tudo acontece de forma informal e improvisada, pois está sendo feito pela primeira vez. Produtos ou serviços são desenvolvidos na medida da necessidade, e, a princípio, conta-se com a mão de obra de todos, muitas das vezes sem salário ou vínculo empregatício. Com o tempo, o fundador passa a contratar pessoas de sua confiança, não necessariamente que tenham as habilidades para aquele trabalho. A cultura é a **DO QUE FAZER**.

O fundador costuma ser um líder com personalidade forte, prático, regido pelas necessidades do momento, que vai tocando o negócio, mesmo sem respaldo. Persistente e incansável no trabalho, é flexível nas dificuldades e centralizador nas decisões.

O comprometimento é tanto que fica difícil criar os controles, pois o trabalho lhe toma todo o tempo. Essa percepção só se aguça quando o fundador percebe que precisa crescer. Mas agora sua preocupação é trabalhar.

De menor porte que seus concorrentes e com receitas baixas, a gestão é baseada na intuição, e as inovações ocorrem de maneira rápida, porém pouco estruturadas. É tempo de ação, e não de reflexão. Todos têm brilho nos olhos, erram e corrigem com facilidade, porque o dono está logo ali e resolve tudo. Nada está combinado, a identidade é ditada pelo fundador.

O maior desafio dos gestores aqui é conseguir clientes e gerar caixa, mas já começam a perceber a necessidade de estabelecer alguns processos.

***

Crescimento

Neste estágio, a principal preocupação é crescer, o que estimula mudanças. A estrutura, até então simplificada, começa a demandar processos, estimulando o papel dos gestores e a divisão de trabalho.

Objetivos e metas, principalmente relacionados à produção e ao faturamento, precisam ser estabelecidos, por isso as decisões não podem mais ser centralizadas.

Agora é imprescindível que as informações sejam confiáveis, para se ter controle entre o real e o previsto. Elementos ligados a agentes externos são prioridade, exigindo tempo considerável dos gestores para obter tais dados. Afinal, nesta fase, o processo decisório demanda não somente maior quantidade, mas informações mais completas. Ao contrário do ciclo de nascimento da empresa, o detalhamento das ações e a integração entre os envolvidos são cada vez mais solicitados.

Mais bem estruturado, o fundador sente-se à vontade para começar a retirar alguns benefícios da empresa, tais como: melhorar a casa onde reside, comprar um carro e investir numa boa educação para os filhos.

Em muitos casos, neste estágio, a maior parte dos filhos já está trabalhando na empresa da família. Bem diferente do cenário de quando o empreendimento começou, eles contam com um negócio em melhor condição e pronto para enfrentar os desafios do crescimento.

Esta nova geração, fruto de uma vida mais confortável, com acesso ao estudo e aos bens materiais, ao assumir um cargo, quer mostrar seu valor e aplicar o que aprendeu na universidade. No entanto o fundador, que descobriu tudo na prática e que continua acreditando em seus conceitos, nem sempre está aberto para tais mudanças.

Esse é um dos conflitos mais clássicos multigeracionais, que, de algum modo, reflete o movimento familiar. O pai tem o papel de educar e colocar limites nos filhos. Os filhos têm o papel de questionar os limites e confrontar a autoridade dos pais, com respeito pela anterioridade.

A empresa é um reflexo da família. Tudo que acontece entre pais e filhos permanece no ambiente do trabalho. Assim, o dilema do diálogo entre as gerações se inicia, podendo se arrastar por todas as demais fases de vida da empresa se não se compreender o que de fato acontece.

***

Maturidade

As empresas familiares que chegam a este ciclo já apresentam estruturas formais, com funções bem determinadas e sólidas relações hierárquicas. As políticas e os procedimentos não são mais tão flexíveis quanto nas etapas anteriores. Departamentos contábeis proporcionam sistemas de relatórios gerenciais, orçamentos e demais ferramentas de gestão. Mecanismos preditivos e de controle baseados em conhecimento são esperados.

Os gestores no topo da pirâmide dedicam-se ao planejamento estratégico. Espera-se que as decisões do dia a dia sejam tomadas pelos níveis de gestão.

Geralmente, os empreendimentos que atingem a maturidade são de grande porte, com abundância de caixa. Entretanto há casos de empresas menores, que mesmo com baixo crescimento de suas receitas e operando ainda de maneira mais burocrática se enquadram nas características deste estágio.

Estudiosos do assunto costumam denominar esta fase de Etapa de Sucesso, pois ela combina estrutura de controle com eficiência de produção. Quanto mais se caminha do nascimento para a maturidade, mais os resultados e as ações aumentam.

A maior quantidade de proprietários é uma realidade deste ciclo. É que a partir da segunda geração, agravando-se sobremaneira com a terceira, o número de sócios aumenta. A partir daí, a negociação entre as partes e os acordos com os núcleos acionários tornam-se cada vez mais importantes para facilitar a tomada de decisão.

No Brasil, o poder e a cultura da família prevalecem positivamente na empresa durante esta e nas próximas fases.

Enfim, o negócio deu certo, a empresa cresceu, tornou-se complexa, os donos enriqueceram e envelheceram.

Para lidar com essa atual complexidade — novas áreas, novos negócios, novos mercados e novas unidades —, é preciso construir uma equipe de gestão forte, a qual vai concretizar as ações necessárias para a manutenção do crescimento da empresa. Nessa equipe, pode haver filhos ou profissionais externos, dependendo do modelo escolhido.

Seria importante que as crenças do progenitor fossem transformadas em manual de boas práticas do empreendimento. Dessa forma, não se corre o risco de a identidade da primeira geração perder nitidez.

É muito comum nesta fase da empresa o filho dizer que o pai está desatualizado, que a equipe de trabalho é antiga e precisa ser substituída por pessoas que saibam fazer o que o mercado pede. O comando do fundador é visto pela geração mais nova como arrogante e que não presta atenção na concorrência. O comportamento passa, então, a ser comoditizado, porque os concorrentes também fazem pesquisa e têm as mesmas respostas. Resultado: todo mundo faz igual.

Ao longo desta etapa, comumente se instala a clássica e natural competição bélica entre irmãos, para saber quem é o escolhido à sucessão. Mal os conflitos da segunda geração estão resolvidos e já surgem os netos em idade para assumir cargos na empresa, sem falar em genros e noras.

***

Antes de seguir adiante, vale fazer um aparte. Hoje algumas famílias, decidem criar seus conselhos para sanar novos conflitos. Muito do que o fundador fez de certo com o tempo se perde, e o mesmo acontece com as decisões tomadas pela segunda geração. Os mais jovens questionam, chocam-se com a falta de visão dos antepassados e as discussões ideológicas são infindáveis.

Toda essa complexidade exige organização no negócio e na família. Por isso, muitos optam por instituir os conselhos de administração (Governança Corporativa) e de família (Governança Familiar). O primeiro vem com o firme propósito de apoiar a gestão e os gestores. O segundo serve de ponto de apoio para que o representante da família informe as decisões tomadas pelo conselho de gestão aos que não estão no negócio, são apenas acionistas.

O conselho de administração deve seguir os objetivos de curto prazo da companhia: metas, projetos estratégicos, métricas, entre outros aspectos importantes para o negócio. Seu objetivo é garantir a performance da empresa. É fundamental que ele tenha características sobre a demanda do momento pelo qual passa o empreendimento, agregando pessoas que possam contribuir para determinado fim.

O conselho de administração pode abrigar conselheiros independentes e também da família. Geralmente, seu presidente é o fundador da companhia, responsável por escolher quem participará do conselho.

Já o conselho de família vem para atender três demandas: dar uma posição à família do que está acontecendo na gestão; informar sobre o andamento do patrimônio imobiliário; e posicionar os membros sobre sua liquidez. Isso porque, para começar, nem todos os familiares estão na gestão e, também, porque não é na gestão que se discute patrimônio e liquidez. Ali, o foco é apenas o dia a dia do negócio.

Apesar de citarmos o tema "conselho" no ciclo da maturidade, é preciso realçar que ele pode ocorrer em outras etapas da vida de uma empresa, inclusive em seu nascimento.

***

Sem dúvida, é na maturidade que a maior parte das empresas prospera rápido. As palavras de ordem são qualidade, velocidade e segurança. Agora, tão importante quanto o que fazer, é o **COMO FAZER**. Acontece que muitas vezes o gestor não sabe o que fazer, ele se apega só em como fazer, pois, sua meta é crescer, ter volume, e, para isso, é preciso ter o controle de tudo. Esse controle gera obediência, disciplina, competência, porém inibe a inovação.

Dessa forma, todos se sentem confortáveis na empresa, afinal não é preciso pensar, as coisas andam como um relógio, tudo é sempre igual. Os funcionários são vistos como peças de engrenagem. Nessa etapa, já está tudo escrito e combinado. Instala-se a cultura do manual e processo.

No mercado, o sucesso da empresa atrai concorrentes menores, que aprendem com ela e passam a inovar mais rápido e com maior audácia. Não há tempo a perder, a empresa está acelerada. Impossível progredir sem inovação. Cria-se, então, um departamento de inovação. Contudo isso é lento e caro, e aí ela começa a perder mercado, gente, fornecedores e investidores. Nesse ponto, para sobreviver, é preciso que aconteça a passagem para a fase do líder, da inovação e do resgate de propósito do fundador, o qual foi sendo esquecido.

***

Declínio

Há dois tipos de cenários para as empresas familiares que chegam a esta etapa de vida.

Um deles acontece muito em empreendimentos que estão na segunda geração da família controladora do negócio. Percebe-se, em algum momento, que a organização falhou no confronto com os desafios externos. Os recursos começam a faltar, e os resultados já não são mais favoráveis. As finanças e a relevância da empresa diante dos competidores estão em queda, na maior parte dos casos por causa do pouco investimento em inovação.

Para contornar a situação, muitos voltam a ter os processos decisórios centralizados. É uma fase em que a luta pelo poder e pelo reconhecimento pessoal entre os familiares costuma se acirrar.

Assim, diante de tantos problemas internos e externos, o usual é a perda de foco no cliente, no mercado, nas oportunidades e nos riscos.

O declínio está evidente, mas não necessariamente a morte do empreendimento. O susto impulsiona mudanças na estratégia e na estrutura do negócio, com o intuito de torná-lo mais estável. Não raro, há um retrocesso benéfico às abordagens mais informais na gestão. Concentrando-se em poucos instrumentos, muitas empresas familiares conseguem, nesse ponto, erguer-se de novo.

Outro cenário que impacta empresas familiares nesta etapa chamada declínio é quando a primeira e a segunda gerações não estão mais à frente dos negócios, e a terceira ou quarta gerações, geralmente netos e bisnetos do fundador, não têm familiaridade com o empreendimento para lhe dar continuidade.

Via de regra, a maioria dos herdeiros em tal situação prefere passar longe do negócio. Por essa não ser uma alternativa viável, buscam-se saídas possíveis. Entre as mais usuais, estão buscar um fundo de investimento ou vender para um grupo concorrente. Quando isso não é possível, encerrar as atividades seria a derradeira opção.

Tratando-se de empresa familiar de grande porte, é acertado ter uma alternativa antes do problema surgir, pois, dessa forma, a companhia é negociada, mas o patrimônio fica preservado.

Por sinal, ao se desfazer do negócio principal é a hora que muitas famílias enriquecem para valer. A riqueza vem por meio do advento da venda.

Com a vida mais bem resolvida, é comum encontrar famílias empresárias se reorganizando nessa etapa e começando novos negócios.

Resumindo, a fase do declínio é quase que uma consequência do desenvolvimento das empresas familiares, porque já está provado que o benefício da experiência declina com o avanço das gerações.

***

Rejuvenescimento

O rejuvenescimento chega como resposta para as causas do declínio, que, como já vimos, geralmente vem da burocratização, dos conflitos internos entre gerações e da ausência de inovação da empresa.

Com a meta de aumentar receitas e retornar sua posição no mercado, a burocratização começa a diminuir, times de projetos e de TI (Tecnologia da Informação) são criados, exigindo-se grandes esforços das equipes. Departamentos, como Marketing, Vendas e Desenvolvimento de Produto, unem-se entre si com o objetivo de realizar o projeto de retomada da empresa.

Focadas especialmente no cliente, as decisões do dia a dia tornam-se mais descentralizadas, enquanto as relacionadas às estratégias, permanecem na mão de poucos. Os esforços concentram-se em grupos menores de informação, porém tudo é disponibilizado para as demais divisões.

A tendência é passar a atuar em mercados ou negócios diferentes, bem como diluir o capital visando à realização de investimentos.

Mais maduras em termos de idade, as empresas familiares que chegam a este estágio com certeza já experimentaram o processo de sucessão e sentem-se mais seguras em incluir executivos de fora da família para ocupar posições-chave no negócio. Mesmo porque agora é preciso saber também conviver com concorrentes, olhar para fora. O gestor, seus sistemas e controles não dão conta do mercado mais ágil, complexo e inovador. Ele deve ser substituído por um líder.

A diferença entre os dois é que o gestor tem o respeito das pessoas pelo cargo que ocupa; o líder tem a confiança das pessoas pelo ser que ele é. O líder leva sua biografia para o trabalho, não abre uma reunião com um Excel na mão, mas contando como foi sua noite anterior com a família. É alguém que traz para o negócio sua própria visão de mundo. Vem daí a confiança que inspira nos outros. Sua intuição traz velocidade ao ler o cenário, mesmo com a pouca informação que dispõe. Isso faz com que a empresa comece a sair na frente.

Inovação, então, transforma-se na cultura da companhia e não apenas um departamento. Ter um posicionamento sustentável também passa a fazer parte da estratégia da empresa, o que se desdobra para os planos táticos e operacionais, envolvendo, assim, desde o planejamento até a execução.

Todos são estimulados a ter visão crítica e a contribuir. Os funcionários são pessoas autônomas, com boas ideias, trabalham de forma plena e sabem que não vão permanecer lá a vida inteira. Por isso, sentem necessidade em saber se a oportunidade em desempenhar sua função lhe agregará valor, aumentando sua empregabilidade.

Assim, tão importante quanto o que fazer e como fazer, é o **PORQUÊ FAZER**. Isso é o propósito, é o que dá autonomia para a inovação do que e como fazer. Nesta fase, é a competência que define o sucesso. No cenário dinâmico atual, é necessária a ajuda de toda a cadeia para poder inovar e reduzir custos, garantindo a perenidade.

Enquanto no primeiro ciclo impera a cultura do dono — sou eu e eles —, e nos seguintes, a cultura organizacional — nós versus eles —, nesta etapa reina a cultura da marca: um jeito de fazer que nasce na empresa e que é apreciado e adotado pelo mercado. Agora, o desafio é integrar e interagir para aprender e crescer rápido e a baixo custo.

Pensamento sistêmico, trabalhar em redes e inovar de baixo para cima ajudam a entender e liderar as novas dinâmicas sociais e de mercado. É essa mudança de modelo mental que garantirá a perpetuidade da empresa familiar.

Vale lembrar que, mesmo em minoria, não é tão raro encontrar na empresa familiar, durante a fase de rejuvenescimento, controladores da primeira e da segunda gerações da família.

***

Conclusões

Ao contrário do que se acredita, ninguém está totalmente no patamar do rejuvenescimento. O importante é saber onde sua empresa se encontra neste momento e traçar os planos. O futuro para a evolução é esse.

Hoje, as mudanças de fase da empresa precisam ser mais rápidas. Dessa forma, é importante olhar tudo com muita clareza. A agilidade depende disso. Se não se sabe para onde se quer ir, gira-se em círculo, para lugar nenhum.

Assim nos ensinou o Gato Cheshire, quando Alice, do *País das Maravilhas*, lhe pergunta: "Pode me dizer qual o caminho que eu devo tomar?". "Isso depende muito do lugar para onde você quer ir", disse o Gato. "Eu não sei para onde ir", responde Alice. "Se você não sabe para onde ir, qualquer caminho serve", conclui ele. É isso: se não sabemos para onde ir e o que estamos fazendo agora, qualquer caminho serve!

Portanto, identidade é fundamental, principalmente quando se está no último ciclo da evolução. Afinal, se comparado com o passado da empresa, agora se tem muito mais liberdade e recursos.

CAPÍTULO 4

Um novo olhar para a sucessão

É preciso se atualizar: o termo *sucessão* já não tem mais o mesmo significado. Hoje, ou se é bom no que faz, ou se está fora do mercado. Se antes vivíamos em um sistema vivo, controlável e previsível, isso mudou, e não é mais possível suceder o outro, e sim apenas um cargo.

No mundo líquido atual, é necessário entender o todo. De nada adianta passar a vida em um cargo na empresa da família, achando que isso garantirá o saber para pilotar o negócio na falta do fundador.

Por isso, o desafio é entender como são constituídos os negócios que pertencem à família, desenvolver o olhar em relação a eles e definir o modelo a ser utilizado para gerir cada um deles.

Você deve estar se perguntando: "Mas nós só temos um negócio da família. Do que a autora está falando?"

Saiba que uma família empresária, por definição, já tem três negócios: o principal, o patrimônio imobiliário e a liquidez. Cada um deles exige uma forma de condução. Porém o que mais se vê nas empresas familiares é a busca pelo sucessor, sem entender que muitas das vezes é preciso conhecer o sistema familiar para se desenhar a sucessão.

Nasce um sucessor

Pode-se ter passado 20, 30 anos no comando da empresa, mas para o fundador o momento de sua sucessão parece sempre vir de repente.

Envolvido nas ações e nas tomadas de decisão do negócio, que criou com seu esforço e determinação, ele não se dá conta do passar do tempo.

No entanto, de repente, aquela expectativa de que as coisas se resolverão por si mesmas começa a perder sentido, e a necessidade de sucessores para assumir o comando da empresa torna-se real. O processo não é fácil, afinal olhar para um familiar jovem e enxergá-lo de forma profissional pode ser complicado.

Por se tratar de entes tão próximos, essa escolha envolve sentimentos, ressentimentos e uma série de outras questões muito pessoais de cada estrutura familiar. Além disso, traz à tona afinidades e divergências nas relações entre pais e filhos, entre irmãos e outros envolvidos.

Fundadores que não sabem compartilhar decisões são os que mais se ressentem no momento da sucessão e, infelizmente, os mais comuns de encontrar. A baixa confiança entre os parentes e a certeza de que só ele sabe agir corretamente faz surgir o temor de que os mais novos não vão fazer tanto e tão bem quanto ele.

Vale lembrar que muitos fundadores dependem exclusivamente do trabalho para viver. Seu envolvimento no negócio é tão grande que, se este tiver uma sucessão mal gerida, afetará suas finanças, ocasionando privações num momento da vida em que ele esperava ser a hora de colher os frutos de seus esforços.

Portanto, o ideal é que, antes de mais nada, o fundador saiba se organizar, pois não cabe à sucessão lhe garantir o futuro sonhado. Sucessão é a oportunidade de continuidade do negócio, mas não a organização de alguém que está ficando mais velho e precisa de estabilidade no patrimônio.

Na verdade, nem o idealizador do negócio sabe realmente o que ele construiu. Essa descoberta é feita aos poucos, no mesmo ritmo em que vai se dando a estabilidade de seu patrimônio. É compreensível, afinal o patrono ficou tanto tempo concentrado em ganhar dinheiro com sua empresa que esqueceu de criar outras fontes de renda.

Essa concentração de renda, que lhe passou despercebida, também não é sentida pelos filhos. Estes, sem olhar para o todo do negócio, estão mais interessados em alçar um cargo na empresa.

Como se vê, a sucessão não é só do negócio, é também do patrimônio. Ao herdar uma empresa, quando não se sabe e não se entende como operar o patrimônio, erroneamente se supõe que o esforço deverá ser centralizado na companhia. Pelo contrário, a atenção deverá estar voltada para a maneira mais tranquila de controlar o patrimônio e, assim, manter o que se possui e se desfazer de negócios que não fazem sentido.

Por exemplo, se para a família continuar com a fábrica funcionando significa prejuízo, pode-se chegar à conclusão de que o melhor é transformar o prédio num imóvel para alugar, ou ainda em dinheiro aplicado. Sem esse tipo de percepção, é fácil quebrar não só o negócio, como todo o patrimônio.

Assim sendo, antes de buscar o sucessor do negócio, busque o sucessor do patrimônio. Mas, atenção, o sucessor do patrimônio não se limita a apenas uma pessoa. Todos da família devem estar cientes de como gerir o que se possui, sem brigas e rompimentos.

Não raro, parentes se desentendem porque o fundador coloca um filho numa posição de destaque e o outro filho num cargo menos expressivo. Uma guerra que tende a se acirrar ainda mais na ausência do pai, fazendo com que o crescimento do negócio se estagne.

A sucessão do patrimônio não é simples. Todos os envolvidos precisam ajudar a pensar. Se existe alguém com habilidade comprovada para seguir o negócio da família, está tudo bem. Porém, se nenhum membro está apto, é necessário encontrar alternativas, tais como a profissionalização ou a venda. Porém isso precisa ser visto com antecedência. A solução deve ser construída com calma. Por exemplo, desde que seja acertado, não há nada de errado um filho ficar no negócio e o outro não.

Ao deixar de se preocupar com questões dessa natureza, é certeza que no futuro virão mágoas e sensação de injustiça, dissabores que poderiam ter sido evitados. A hora certa de avaliar esses assuntos é quando os filhos passam a ser adultos. Independentemente se eles têm ou não interesse na empresa, cabe ao pai, o criador do empreendimento, enfrentar o desafio, identificando o caminho a seguir.

Muito desse conflito também vem do fato de que os precursores sempre mantiveram seu foco apenas no negócio. Seguindo o exemplo da linha de produção em massa e em série, para eles o trabalho é braçal, não é preciso pensar para executá-lo. Basta repetir o que vem sendo feito.

Contudo a segunda geração foi estimulada a refletir, a entender melhor os processos. Assim, aquele pai das antigas agora não sabe mais onde encaixar seu filho e suas novas ideias na empresa.

Fato é que o filho, por ter uma visão mais ampla, poderá ajudar no patrimônio e não necessariamente na empresa. No entanto, se o pai exigir que o filho se condicione a sucedê-lo, correrá o risco de o herdeiro não se encaixar nesse modelo, prejudicando o negócio.

Na percepção do fundador, apesar de o filho ter estudado, falta-lhe experiência e entendimento de que se trata de um time na busca de uma solução boa para todos. Pairam, então, na cabeça do patriarca dúvidas do tipo:

- Acredito na nova geração?
- Devo profissionalizar?
- Será melhor mudar de negócio?
- Continuo mais tempo na empresa?

- Melhor me afastar da companhia?
- Não confio no meu filho A, mas confio no B. Como agir sem causar problemas?

As respostas só virão do grupo, que construirá em harmonia a solução. Sozinho, o fundador divagará nessas questões e não chegará nunca a nenhuma conclusão.

Tornando-se gestor de patrimônio próprio

Geralmente, o fundador tem consciência da necessidade da sucessão, porém é um sentimento complicado, e, instintivamente, ele boicota a ideia de abrir espaço aos filhos.

Isso acontece porque ele não enxerga que sua real necessidade é a de se tornar um gestor de patrimônio próprio e não mais um gestor de empresa. Ao se dar conta disso, o fundador passa a fazer outras coisas, como cuidar melhor do que é seu: negócios, imóveis, dinheiro aplicado.

Dessa forma, cria-se espaço para construir, em conjunto, o modelo de perpetuação do negócio.

Vale lembrar que todos os filhos são herdeiros de um patrimônio. Já no negócio, os que realmente vão suceder serão aqueles que têm afinidade com ele. Por outro lado, a herança é algo que pode ser ressignificada e organizada para atender a família, desde que tudo seja feito em consenso com o grupo.

Cada vez mais têm surgido fundadores que estão se tornando gestores de patrimônio próprio. Com isso, eles se permitem mudar de patamar, e a questão da perpetuidade passa a perder sentido. Afinal, essas pessoas continuam se realizando, só que de outra forma. É assim que se pratica o verdadeiro desapego ao negócio.

A Governança Familiar é uma ferramenta que contribui para que famílias empresárias discutam assuntos que parecem ser sobre negócios, mas que na verdade se referem à relação entre membros, aceitação, reconhecimento, autoconhecimento. Nessa dinâmica, a própria pessoa pode chegar à conclusão de que é incapaz de participar da empresa. Não há problema nisso. É melhor reconhecer o fato enquanto se tem condições de contratar alguém para substituí-lo do que depois, quando não há mais tempo para tomar nenhuma atitude.

No padrão antigo, o pai depositava em si a escolha do filho que iria assumir o comando do empreendimento. Contudo essa preferência é delicada. Para um pai, ter que optar por um filho em detrimento de outros não é nada agradável. Usar da Governança Familiar para chegar em conjunto a esse entendimento é muito melhor.

Geralmente, os filhos não têm a mesma competência do pai, pois são bem mais novos do que ele. Até se igualarem ao progenitor, demora. Portanto, não adianta gerações diferentes tentarem competir no mesmo tempo e espaço, pois ambos se encontram em momentos de vida distintos.

Quando se almeja ser gerente ou diretor de uma empresa, é tradicional que o funcionário passe por vários cargos até ganhar maturidade no negócio. Por outro lado, quando se ingressa na empresa da família, perde-se a oportunidade de se testar e conseguir segurança em si próprio.

Em minha opinião, todo herdeiro de uma empresa deveria ganhar experiência e autonomia de negócio fora dela, e depois, mais seguro e preparado, ingressar na companhia da família.

O herdeiro, por sinal, não precisa necessariamente garantir a continuidade do negócio. Ele pode apenas se dedicar à manutenção do patrimônio. Para tanto, deve participar das reuniões de conselho de família, mesmo fazendo carreira solo, e atuar na empresa quando quiser. Há tempo de sobra para ele decidir, claro que com consciência de estar fazendo o melhor para o negócio familiar.

Muitos se confundem nessa situação. Por ser filho do dono, preferem ficar acomodados, com a sensação de que a empresa é deles, então trabalhar nela é o certo. Errado, construir uma carreira fora dos negócios da família garante maior traquejo. Evidentemente há exceções. Não é impossível encontrar profissionais bem-sucedidos que, a vida toda, trabalharam com o pai.

Liberdade para ser o melhor para si e para a empresa

Pela minha experiência em Governança Familiar, sinto que nem o fundador nem os filhos sabem o que é ser gestor de patrimônio próprio. O primeiro só tem a noção de ser um incansável trabalhador e empreendedor, o qual conquistou muita coisa. Até o tamanho de sua fortuna lhe é desconhecido, pois ele não prestou muita atenção nisso. Tudo foi simplesmente acontecendo. O mesmo se deu com o negócio. Ele foi gerindo, contratando pessoas, e, assim, tudo foi andando de forma dinâmica e espontânea.

Nesse caminhar, o fundador nunca pensou em ser gestor de patrimônio próprio, mesmo porque isso lhe roubaria tempo para ser um executivo do seu negócio. Afinal, o executivo de negócio tem inúmeras obrigações diárias, as quais um gestor de patrimônio não precisa ter.

O gestor de patrimônio próprio está livre para participar das reuniões de diretoria e com seus principais clientes, cobrar resultados, fazer viagens de negócio e tudo mais que não envolve o dia a dia da empresa.

Para chegar a esse ponto, o fundador tem que preparar com antecedência sua saída do lugar de executor. Só assim ele conseguirá, na época certa, fazer o que realmente importa —como tocar aquela estratégia de negócio, a qual ele nunca teve tempo de fazer por estar envolvido na operação da empresa.

Esse descolamento é um processo marcante, tanto para o fundador quanto para os filhos e para a gestão. Todos vão aprender, seja a como ser gestor de patrimônio próprio, seja a como ocupar um cargo. Trata-se de um aprendizado contínuo, o qual põe de escanteio a questão da sucessão. Porque, dessa forma, cria-se um modelo de perpetuidade do negócio, a ser adotado constantemente.

Ao seguir por esse caminho, as peças são trocadas com facilidade. Caso contrário, é possível que se acabe com todo o patrimônio, que o negócio venha a falir, que seja preciso vender imóveis para pagar dívidas, que se perca muito dinheiro e que se tenha que começar tudo de novo.

Profissionalização

Eis aqui um aspecto muito debatido quando a atenção está voltada para a sucessão. A profissionalização difere entre as famílias, entre o contexto no qual elas vivem e entre quais são suas necessidades. Imagine um núcleo composto por três irmãos, sendo que apenas um deles quer assumir o negócio familiar. Simplesmente querer não lhe assegura sucesso na empresa. Ele precisa estudar e se especializar para ser o melhor na profissão. No entanto pode ser que a companhia necessite agora de um gerente-geral e não pode esperar pela formação daquele herdeiro. É aí que entra a construção do modelo de profissionalização, feita em consenso com os familiares.

Há casos em que existe apenas um herdeiro, mas nem por isso ele necessariamente é a pessoa certa para ser o CEO da empresa da família. O grupo de sócios tem que ter certeza de sua capacidade. Além disso, será que esse herdeiro quer mesmo carregar esse peso sozinho? É bom lembrar, ainda, que muitas vezes o salário que se paga numa empresa familiar é abaixo do mercado. Isso faz sentido para sua vida? Se o seu ímpeto de empreendedor for alto, a decisão talvez seja ficar no negócio, mas sempre pactuando com o restante dos envolvidos. Assim é possível reconstruir essa sociedade sem abalar a empresa.

Nesse ponto, não é raro os sócios também questionarem se continuam ou não no negócio. Será que a irmã mais velha, sem filhos, ainda precisa participar da empresa? Talvez ela queira agora começar uma vida mais livre. Ou então aquele que tem filhos que moram no exterior: "Por que continuar como sócio se posso ter meu dinheiro aplicado e ir visitá-los quando bem entender?".

É essa autonomia que deve ser pesada por todos os membros, sejam herdeiros diretos ou sócios. Nada mais sábio do que saber abrir mão do que não nos faz sentido.

Existem casos em que um membro da família não tem afinidade com o negócio, no entanto fica preso ao sistema familiar e se mantém vinculado ao patrimônio, e sem autonomia. Aqui, o ideal é repensar sua posição e se faz sentido manter seu patrimônio vinculado ao negócio, sem poder usufrui-lo.

Em outras palavras, a família tem que fazer essas conversas difíceis e entender qual é o modelo que ela precisa para dar continuidade ao negócio. Uma vez definido, a vida continua com mais certeza. Saber-se-á, por exemplo, quem será CEO: alguém da família, um contratado ou um membro que primeiro se capacitará para depois assumir o cargo.

Pode-se chegar ao consenso de que não vale mais a pena dar continuidade ao negócio ou que apenas parte da família vai seguir com a empresa.

Lembre-se de que todo empreendimento nasce por alguma razão. Muitas vezes para dar sustento ao fundador. Mas, aí, os filhos deste crescem, casam, e os motivos pelos quais a empresa foi constituída mudam. Conclusão: o negócio não tem mais o sentido original, ele já cumpriu sua missão. Qual é, então, seu novo propósito? O que se espera dele daqui para frente?

É preciso ter clareza para continuar o negócio ou transformá-lo em um patrimônio que faça mais sentido para o momento da família.

Aqueles que se veem obrigados a terminar seus empreendimentos, costumam colocar a culpa no mercado, o que não é verdade. Quem deixou as coisas chegarem a esse ponto foi a família, que se acomodou e se omitiu, deixando de tratar da questão-chave. E quando o concorrente chegou com mais agilidade, era tarde demais.

Outro risco da não comunicação costumeira da família empresária é que quando acontece de algum de seus membros falecer, todos os problemas surgem de uma vez. O momento de fragilidade emocional dificulta as decisões, abrindo um campo de batalha. O trabalho preventivo da Governança Familiar dá clareza às questões e mostra como é possível seguir caminhos diferentes sem comprometer os laços parentais.

Faz parte da natureza humana querer ficar junto aos seus, mas nenhuma lei natural nos obriga a fazer tudo junto. No entanto, pelos conceitos que trazem arraigados, muitos têm medo de serem independente. Todo esse repensar é uma evolução da vida. Os filhos devem herdar o exemplo dos pais, mas serem o que melhor lhes agradar.

Individualidade

Houve o tempo em que as habilidades dos herdeiros não estavam em questão. A ordem era trabalhar no negócio da família e ponto final. Não se discutia sucessão, pois acreditava-se que ela aconteceria automaticamente. Hoje não é mais assim. A rigidez do passado já não faz sentido, e as diferenças entre gerações tornam-se gritantes. Há muito questionamento por parte dos mais novos:

- Com a falta do fundador, será que todos os herdeiros querem continuar como sócios?
- Será que a composição familiar na empresa precisa continuar como está?

E os que efetivamente trabalham no negócio, ao se darem conta de que a passagem de comando se aproxima, começam a refletir sobre seu papel dentro dele, o porquê de estar onde estão e até onde conseguem evoluir:

- O que eu almejo para mim e para meus filhos?
- É isso mesmo que eu quero viver?
- Se eu morrer hoje, terá valido a pena?

É quando entra a história de cada um. Conversar com o fundador enquanto ele goza de boa saúde e resolver todas as suas questões é sempre a melhor saída para compactuar o futuro da família empresária. As decisões têm que ser individuais, mas o processo exige respeito, diálogo e calma de todos. O maior erro, e também o mais comum, é deixar esses conflitos para lá. Se há desalinhamento entre pais e filhos, se não existe um objetivo comum, o processo torna-se difícil.

Existem casos em que um herdeiro tem mais a contribuir olhando a companhia de fora do que trabalhando nela. Nem sempre a habilidade que se precisa desenvolver está no negócio.

Participar do conselho de família é uma opção legítima. Um membro desse conselho, que não depende exclusivamente do negócio familiar para viver, costuma trazer perspectivas novas, e seus apartes tendem a ser mais imparciais do que os levantados pelos que participam do dia a dia da empresa.

Certo que aqueles que fazem parte do quadro de funcionários têm informações relevantes da empresa. Por isso devem se dirigir à família para que todos tenham uma visão macro do negócio. Cada membro costuma ter uma posição no núcleo familiar. Ao reunir os que estão dentro e os que estão fora da empresa consegue-se uma leitura com maior entendimento.

Há herdeiros, porém, que são obrigados a participar do conselho de gestão da empresa, mesmo não entendendo nada da firma. Ao sentarem-se à mesa, é compreensível que se sintam lesados o tempo todo. Isso porque eles estão no lugar errado. Sua participação deve ser no conselho de família, em que a linguagem é mais clara, tornando fácil o entendimento do que está acontecendo nas três fontes de geração de riqueza: negócios, patrimônio imobiliário e liquidez.

O conselho de família abarca tanto os que estão na empresa quanto os que não trabalham nela. Nessas reuniões é onde se tomarão decisões sobre o todo do patrimônio.

Enfim, manter um único negócio e ter todos os filhos nele significa que não possuir uma diversificação de portfólio e que todos dependem muito dessa única fonte. Caso o negócio venha a ter problemas, a família inteira será afetada. E é aí que nascem os conflitos. Ao brigar por questões do dia a dia, perde-se tempo para ir atrás de novas oportunidades.

Com certeza, as soluções são particulares, pois cada família tem um modelo a ser seguido e construído. O que importa, entretanto, é estabelecer a idealização desse projeto com os núcleos familiares.

Respeito ao legado

Um fato é inquestionável: toda família empresária existe devido a um fundador, que começou, graças a um sonho, a desenvolver um projeto que deu frutos. Porém transformar os frutos em continuidade é um trabalho conjunto e coletivo do grupo familiar.

Se tudo não for muito bem conversado, alinhado e construído, não é possível perpetuar a família, tampouco os negócios. Levar adiante o legado familiar é importante, mas para manter o patrimônio é preciso ser bom em sua articulação.

As novas gerações precisam entender que nada será criado se o legado não for honrado. Conhecer a história da empresa, como e por que começou é fundamental. Ao respeitar pai, mãe, avós, bem como o esforço da família e o lugar que ocupamos nela, compreendemos que as mudanças devem ser feitas de modo considerativo, honesto e transparente. Isso é caminhar para frente.

Assim sendo, se existe o desejo do fundador em dar continuidade ao seu trabalho, não há como negar: se tornar gestor de patrimônio próprio é um assunto obrigatório, que precisa ser encarado com a profundidade merecida. E a ferramenta para isso é a Governança Familiar.

Na sequência contamos a história de duas famílias empresárias que, cada uma a seu modo, respeitando o legado escolheu o melhor caminho para o negócio e para a família.

***

Organização financeira: o segredo da família Massi

Os Massi são um bom exemplo de famílias que começaram seu patrimônio na época áurea das imigrações no Brasil. Reynaldo, o primeiro Massi a pisar em solo brasileiro, veio da Itália de navio, junto com muitos outros imigrantes. Solteiro, foi trabalhar num comércio de cereais. Pouco tempo depois, empregou-se numa fazenda em Rolândia, Paraná.

Com o dinheiro que ganhava, passou a comprar terras na região e ter seu próprio cafezal. A boa colheita o incentivou a adquirir máquinas para beneficiamento do café. Logo, seu maquinário estava presente em todo norte paranaense, e ele tornou-se um influente exportador do fruto. Também investiu em gado.

Já bem posicionado, expandiu seu negócio em Mato Grosso, hoje Mato Grosso do Sul. Aqui também sua escalada foi bem-sucedida. Dono de muitas terras numa área rural totalmente inexplorada, resolveu fazer uma colonização, batizada de Sociedade de Colonização e Melhoramentos (Someco). Nesse empreendimento, Reynaldo vendia terras a seus funcionários com cinco anos de carência para o pagamento.

Não demorou muito para lá surgir um vilarejo. Ao lado das autoridades locais, ele fez um plano de urbanização para criar uma cidade. Assim surgiu o município de Ivinhema, onde até hoje sua figura é lembrada como seu fundador. Por muitos anos, a família Massi despontou como únicos fazendeiros de Ivinhema, onde praticamente toda a população tem um descendente que trabalhou para ou com Reynaldo.

Reynaldo Massi em seu próspero cafezal, em Ivinhema, final dos anos 1950. Hoje, município de Mato Grosso do Sul.

O sucesso em Mato Grosso do Sul, com fazendas agropecuárias de gado e de café, fez com que seus negócios dessem um salto economicamente. Nessa altura, ele já estava casado com Lydia e tinha cinco filhos: Ângela, Reynaldo Jr., Lídia Regina, Sandra e Lídia Christian. Também já havia contribuído para o surgimento de outra cidade, Diamante do Norte, no Paraná. Esta ainda existe, mas não prosperou tanto quanto Ivinhema.

Infelizmente, Reynaldo faleceu cedo, com 54 anos, em 1974. Ele morava em São Paulo, mas estava convalescendo de uma cirurgia cardíaca na bela sede de sua fazenda em Diamante do Norte, quando foi chamado para ajudar a apagar um incêndio na casa de um funcionário. Prestativo, foi salvar o morador. Salvou, mas seu coração não resistiu: um enfarto o levou para sempre. A perda foi terrível para a família.

Falta do patriarca impõe mudanças

Sua esposa nunca se envolveu com o trabalho do marido, por isso não tinha ideia de como tocar adiante os negócios. Os filhos também não eram fazendeiros, apenas acompanhavam os pais nas visitas às fazendas. Os mais velhos, já casados, tinham estudado no exterior. Uma era psicóloga, outro, advogado, e duas eram artistas plásticas, além da mais nova, que na época tinha apenas 16 anos.

Com a morte do pai, os filhos se uniram à mãe para se inteirar dos negócios. Por sorte, Reynaldo tinha funcionários de inteira confiança que sabiam tudo sobre as fazendas. Prestativos, passaram todas as informações à família. Apenas a filha mais velha continuou paralelamente sua profissão de psicóloga. Os demais assumiram suas novas funções.

Cinco irmãos cuidando em conjunto do mesmo negócio não é nada fácil. Discórdia e ânimos alterados permeavam as reuniões da empresa. O lado emocional acabava sempre falando mais alto. Apesar das dificuldades, por 18 anos ninguém quis que a empresa acabasse. Por meio de votação, a presidência se alternava entre a matriarca e um dos filhos. Os demais ficavam como acionistas.

Em 1992, a matriarca faleceu, e os irmãos concordaram em fazer a partilha de bens. Mesmo com acordos entre as partes, a divisão do grande patrimônio gerou um processo de muitos anos. Não eram só as fazendas. Havia também a Someco, responsável pelo gado, e a Cia Norte, dedicada ao café. A cada separação dos quinhões, surgia um problema, e tudo tinha que ser estudado outra vez. Finalmente, a partilha foi concluída e cada irmão abriu sua empresa.

Desdobramento de uma herança

Ângela, a filha mais velha, a quem vamos acompanhar daqui para frente, criou a companhia agropecuária AcMassi para receber as fazendas que couberam a ela. Focadas em gado, também tinham, em menor escala, plantações de soja e de eucalipto. Divorciada, ela cuidou dos negócios sozinha. Seus três filhos na época faziam faculdade e não tinham a menor intenção de cuidar de fazendas. Para a mãe, isso não era problema; pelo contrário, ela os incentivava a ter suas próprias carreiras.

Ajudada por um gerente e por um senhor que estava desde a época de seu pai, Ângela não media esforços para cuidar dos negócios. Foram mais de 10 anos de altos e baixos, sem nunca compartilhar os problemas com os filhos.

AcMassi Agropecuária, início dos anos 2000: Ângela com seus fiéis auxiliares, alguns deles presentes nos negócios desde a época de seu pai, Reynaldo Massi.

Os anos passaram e, em 2010, o cansaço começou a dar sinal. Nessa altura, Marina, a filha mais velha, fazia mestrado em Nova York; Helena, a do meio, morava e trabalhava em Portugal, e Bruno, o mais novo, estudava em Londres. Grávida, Marina resolveu voltar a viver no Brasil. Helena veio ao nascimento do sobrinho, apaixonou-se por um brasileiro e também não quis mais regressar à Europa.

Helena foi a primeira a oferecer auxílio à mãe no trabalho das fazendas. A herança cultural, que vinha da época de seu avô, contribuiu para que a AcMassi tivesse uma estrutura sólida. Porém ela percebeu que precisava acompanhar a equipe do financeiro.

 Entre os problemas detectados, estava a junção das contas pessoais de Ângela com as da empresa. Claro que o ajuste não foi tranquilo. A mãe não admitia que a filha falasse que seu jeito de trabalhar estava errado. Foi um desafio conquistado aos poucos. Helena contratou novos administradores, as contas bancárias física e jurídica foram separadas, e advogados e contadores chegaram para orientar nas decisões administrativas.

A neta Helena, já inteirada na parte dos negócios que coube à sua mãe, Ângela. Meados dos anos 2000, AcMassi Agropecuária.

 Quando o filho de Marina estava perto dos dois anos, ela também quis trabalhar nos negócios da família. A ela coube cuidar das casas que a mãe possuía em Trancoso, na Bahia. Há muito tempo fechados, os imóveis estavam se deteriorando, enquanto o turismo na cidade só crescia. Formada em Arquitetura, Marina adorou a função.

Essas casas remetem ao empreendedorismo precoce de Ângela. Grávida de Helena, foi descansar na Bahia. Apaixonou-se pela Praia do Espelho e lá comprou, em troca de seu Fusca e com contrato assinado num guardanapo, uma terrinha, ocupada por um casebre de pescador. Por esses tempos, as propriedades naquele paraíso eram baratíssimas. Imbuída nos negócios da família, por 10 anos seu terreno baiano ficou parado.

No final dos anos 1980, Ângela voltou lá, arrematou mais alguns hectares na beira da praia e criou a Fazenda do Espelho, um refúgio só para ela e os filhos. A princípio, três casas foram construídas, hoje são seis.

Por muitos anos, foi o roteiro preferido das férias da família. No começo, era uma aventura ir para a fazenda. Não havia energia elétrica e só se chegava por barco. Apenas um voo semanal saía de São Paulo para Porto Seguro. O horário não coincidia com o do barquinho que levava à Praia do Espelho. Assim, eram obrigados a passar a noite no vilarejo de Trancoso, em casa de conhecidos.

Tudo era muito simples. Somente nativos moravam no centro histórico, conhecido por Quadrado. No dia seguinte, embarcavam. Como o mar em frente à fazenda não permitia atracamento, o caseiro vinha buscá-los com duas mulas para as bagagens, e os Massi tinham que andar por um quilômetro e meio até chegar à casa.

Em determinado momento, Ângela resolveu comprar uma casinha no Quadrado, para não incomodar mais os amigos nos seus pernoites. Um pouco depois, adquiriu a casa vizinha. Assim, surgiram os imóveis que atualmente estão sob a responsabilidade de Marina. Ambos foram reformados e são alugados para turistas. No coração do Quadrado, as casinhas charmosas, com total infraestrutura, agora são disputadas, em especial, pelo respeito à arquitetura rústica, típica do local.

Consultoria especializada ajuda a equilibrar os negócios e o legado

Quando o filho Bruno também manifestou vontade em ingressar nos negócios, contratou-se uma empresa de Governança Familiar. O sistema, então, foi organizado em comum acordo com a mãe e os herdeiros. Criou-se um pacto entre os quatro e teve início o conselho de sócios. Dessa forma, o controle da empresa passa a ser feito no *family office*, com todos os envolvidos entendendo o que está acontecendo.

Uma das queixas dos filhos era a insegurança quanto às finanças da empresa. Eles não sabiam quanto podiam gastar nas funções que assumiriam. Dessa forma, foram trabalhados os três pilares: as fazendas, o patrimônio e a liquidez. Com a ajuda da governança, todos hoje têm a exata noção de quanto valem seus empreendimentos. Cada filho ficou numa área e passou a receber salário condizente ao cargo ocupado.

Com o tempo, os irmãos perceberam que o mais importante era aumentar o patrimônio, trabalhando juntos. Por meio de critério objetivo, melhoraram a distribuição de dividendos, baseada nos resultados anuais dos negócios. Ninguém mais trabalha pelo salário, mas sim pelo aumento do patrimônio.

A trajetória dos Massi espelha como os negócios familiares crescem, se transformam, mudam de rumo e de mãos ao longo do tempo. A geração atual logo percebeu que famílias que persistem em questões pessoais têm graves problemas de comunicação, pois se detêm apenas no detalhe. O projeto de Governança Familiar ampliou para eles o diálogo, tornando o grupo mais harmonioso. Agora, na ausência de qualquer membro da família, tudo continuará conforme o combinado. Não haverá surpresas no futuro, pois tudo está organizado.

Os Massi entenderam tal necessidade e souberam ter jogo de cintura. A Governança Familiar deu condições para que eles possam hoje desatar qualquer nó, com total autonomia. Antes de cair no abismo, souberam construir uma ponte.

Em sua terceira geração, a família Massi respeita seu legado. Não só prosperaram o negócio criado pelo avô materno, como criaram novas frentes. São elas: Refúgios, aluguéis de casas pelo Brasil (Espelho, Trancoso, Chapada Diamantina, Ubatuba e Visconde de Mauá), sob o comando da neta Marina; AcMassi, que compreende as atividades agro comandadas por Helena; e Fratellinvest, braço que cuida da liquidez familiar e investe em novos empreendimentos, dirigido pelo neto Bruno.

Refúgios, um dos desdobramentos imobiliários bem-sucedidos da família Massi.

***

Pacto entre gerações alicerça a longevidade da Forauto

A empresa familiar de 56 anos dos irmãos Lilian e Renato Costa é um ótimo exemplo de como um negócio pode se reinventar ao longo dos anos, sem comprometer o patrimônio, muito menos a união entre os herdeiros.

A história da Forauto, uma das relevantes concessionárias de automóveis e de caminhões de Santa Catarina, começa com o avô materno, Elias Angeloni, e não tem nada a ver com o ramo de carros. No final dos anos 1940, esse senhor ganhou a concessão de um cartório na cidade catarinense de Criciúma.

Já idoso e cansado, em 1962, Elias passa o negócio para seu genro, Rubens Costa. Este aceitou a proposta do sogro, mas na verdade o que ele queria mesmo era ser empresário. Como na época o cartório não tinha tanto trabalho, o jovem empreendedor resolve dividir o seu tempo entre as duas frentes.

Quase foi sócio na Cerâmica Eliane. Depois tentou investir em máquinas para fazer botões de vestuário. E foi por esse tempo que um amigo, executivo de uma concessionária GM (General Motors), ganhou a franquia da Willys. Sabendo das ambições de Rubens, ele o convidou para ser seu sócio. Rubens concordou e ainda trouxe mais três amigos para completar a sociedade.

Nascia, assim, em 1967, a Forauto Veículos. A empresa foi instalada no antigo prédio de uma revendedora Ford de caminhões. Foi Rubens quem descobriu o imóvel e fechou a compra, através do filho do proprietário, Espiridião Amim, ex-governador de Santa Catarina, hoje senador, na época com apenas 18 anos. Oito meses depois, a Ford comprou a Willys, e a Forauto passou a comercializar automóveis e caminhões da marca.

Apesar de passar todos os dias na concessionária, Rubens nunca atuou executivamente — ficava como conselheiro e coordenador. O negócio era tocado pelo sócio que recebeu a franquia, o qual tinha mais expertise no ramo. A sociedade era dividida em 20% para cada um.

Com o tempo, três sócios saíram, e os dois restantes compraram suas participações. Em 1994, quando a Ford passou pela crise provocada pela Autolatina, o quarto sócio deixou a empresa, ficando Rubens como seu majoritário.

Entre escrivães e automóveis

Casado com Olga Angeloni Costa, Rubens teve dois filhos, Lilian e Renato. Durante muitos anos, Lilian trabalhou com o pai no cartório, como escrivã substituta. Porém, em 2003, quando o PT chegou ao poder, as regras dos cartórios mudaram. Assim, de uma hora para outra, Rubens foi aposentado compulsoriamente. Até escolherem alguém por meio de concurso público, Lilian assumiu o negócio, período que durou mais de oito anos.

Já Renato começou a trabalhar com o pai em 1983, quando a Forauto abriu uma revenda no município vizinho de Araranguá. Engenheiro mecânico, ele deixou a indústria de cerâmica para ingressar no setor de autopeças da família. Quando o último sócio da empresa saiu, Renato assumiu a concessionária, afinal Rubens continuava à distância do negócio.

Com pouca experiência no ramo, mas apaixonado por automóveis, Renato era bom na gestão, tinha feito pós-graduação em Engenharia Econômica e poderia contribuir com seu conhecimento. Usando recursos próprios, ele comprou uma participação maior na Forauto.

Rubens Costa, fundador da Forauto, e seu filho Renato Angeloni Costa, que desde 1994 tomou a frente da empresa.

Autonomia: uma visão de negócio

Renato lembra que para o pai era muito importante saber o que realmente lhe cabia como patrimônio pessoal. "Jamais ele misturou dinheiro para pagar despesas, empregados e impostos na mesma conta bancária. 'De que adianta ter um saldo polpudo no banco, se boa parte dele não me pertence?', nos dizia."

Outra preocupação de Rubens era ter os bens organizados. Assim, quando ele se afastou de vez do negócio, este foi somado ao patrimônio e chegou-se à seguinte equação: 53% de participação para Renato, que trabalhava efetivamente na concessionária; e 47% para Lilian, aposentada desde que saiu do cartório.

Na visão justa e correta do patriarca, em empresa familiar, quem tem minoria deve ser respeitado e receber satisfação dos demais. Na alegria ou na tristeza, todos têm que se envolver. Para Lilian, que nunca teve interesse em atuar na Forauto, a decisão do pai foi adequada. Para Renato, a transparência do negócio ajudou na boa relação com a irmã.

Repactuando

Em 2016, sentindo a necessidade de uma organização mais proativa em termos de família, de propriedade e de negócio, contratou-se um consultor em Governança Familiar. Dessa forma, a empresa, o patrimônio e a liquidez fluíram melhor. A essa altura, já existia uma *holding* que abrigava filhos e sócios.

Na época, Lilian, casada em comunhão total de bens, separou-se e seu marido passou sua participação para as filhas. Renato aproveitou o ensejo e, orientado por uma consultoria fiscal e jurídica, também dividiu metade de sua parte entre os três filhos. Ambos repetiram, assim, o gesto de confiança de seu pai para com os herdeiros, o qual faleceu em 2020, aos 94 anos, vítima da Covid-19.

O trabalho de Governança Familiar começou com Renato e Lilian, depois, com cada núcleo e seus filhos. Como resultado dessa mediação, algumas situações ficaram mais claras para todos, como a separação de questões da empresa e da família e o equilíbrio entre patrimônio, negócio e liquidez.

Os encontros ainda alinharam decisões para fazer essas frentes renderem. Renatinho, filho mais velho de Renato, com formação na área de finanças, entendeu melhor sua participação nos bens da família. Hoje, é ele quem cuida do patrimônio da *holding* e também da liquidez da Forauto e das pessoas físicas (pai e tia).

O processo de consultoria gerou acertos não só econômicos, mas emocionais. Um melhor modelo foi estudado calmamente, com participação inclusive da terceira geração.

Desde então, as reuniões familiares tornaram-se assíduas, nas quais os problemas são debatidos abertamente. Criou-se um canal para conversas sem o calor da emoção. Nem toda a reestruturação da Ford no Brasil abalou a concessionária. Antecipando-se e com o aval de todos, Renato, entendendo a situação de mercado e, também, a insegurança existente no país e na multinacional, procurou manter sua empresa sempre capitalizada, com caixa, para suportar os reveses pelos quais todo o comércio passou. Com certeza, um passo importante para a longevidade da Forauto.

Todas as decisões, enfim, são tomadas com total clareza, o que permite a Renato e filhos terem seus próprios negócios de forma ética, transparente e leal quanto aos demais sócios.

Na história de sucesso dessa empresa familiar, alguns aspectos devem ser destacados. Um deles é a meritocracia, tanto na equipe da Forauto quanto na *holding*: todos têm formação acadêmica para desempenhar de maneira profissional seu ofício. Quem rende mais, ganha mais. Outro é a confiança: Rubens construiu um pacto com seus filhos, e, agora, o mesmo está sendo feito por Renato e Lilian. Por fim, o desapego: ao ramificar os negócios, se um dia a Forauto tiver que fechar suas portas, ninguém vai se desesperar com isso, devido ao encaminhamento dado e à consciência de que para ganhar tem que saber gastar.

Sede da Forauto em Criciúma, Santa Catarina.

CAPÍTULO 5

A contribuição da Governança Familiar na longevidade dos negócios

Por que algumas empresas familiares quebram e outras não?

São muitos os motivos, mas, conforme a família vai se desenvolvendo, é um grande desafio manter todos alinhados em torno de um propósito e em harmonia. À semelhança de um casamento, nas sociedades é imprescindível querer estar junto e superar juntos os obstáculos.

E aí entra algo muito importante: os limites de cada um. Caso não sejam respeitados e acordados, começam a ocorrer diferenças que, se não trabalhadas, levam ao insucesso das relações e dos negócios.

A Governança Familiar, é uma importante ferramenta no apoio à construção do equilíbrio e bem-estar das famílias. Por meio desse processo e estabelecidos os acordos, os membros da família têm a oportunidade de definir como querem viver. Tornam-se protagonistas de sua própria história.

A grande diferença é que, a partir da conscientização de que todos importam, as soluções passam pelo alinhamento dos objetivos individuais, por meio de uma escuta empática, considerando o que verdadeiramente vale para cada um.

O pacto dos interesses é a primeira grande descoberta para a família encontrar o melhor caminho para que cada um realize seus objetivos, celebrando acordos e definindo regras que orientarão a prosperidade familiar.

Como já disse, o intuito primordial da Governança Familiar é gerar harmonia e satisfação na família. Negócio, patrimônio e dinheiro não são o foco principal. O trabalho é desenvolvido para que a família encontre uma solução possível, em que cada um se sinta confortável com isso.

A filosofia se assemelha à usada num avião em queda: a máscara de oxigênio deve ser usada a princípio em você, para depois pensar nos demais.

Em outras palavras, só se consegue fazer a evolução nos negócios focando primeiro em cada um e depois em todos os membros da família.

Por que é necessária a Governança Familiar?

A Governança Familiar é uma potente ferramenta para estabelecer o sistema familiar e deveria ser utilizada bem antes de os problemas se avolumarem na família e na empresa.

Na maior parte das vezes, a Governança Familiar é chamada para resolver desconfortos, desafios como a autonomia da nova geração, a preservação do patrimônio, a sucessão e o futuro da empresa e da família.

Ocorre quando os filhos ou netos do fundador identificam a necessidade de apoio, mas quem contrata sempre é o chefe da família. Quando o patriarca está na ativa, invariavelmente é ele quem compra a ideia. Enfim, o processo de governança só pode ter início quando todos estiverem de acordo. O que leva tempo.

Algumas questões, contudo, tendem a acelerar a necessidade de ajuda profissional. A mais emblemática é a de troca de bastão no comando dos negócios, agravado por um fato desencadeador como uma doença grave ou falecimento repentino do patriarca ou da matriarca.

Dramas familiares, que estavam embaixo do tapete, costumam aparecer nessas horas. Razão mais que suficiente para agir preventivamente, pois deixar a ação para a hora de apagar o incêndio pode proporcionar más decisões.

É interessante lembrar que ter herdeiros com cargos na empresa não garante que eles tenham assimilado a experiência para os desafios de ser dono de um patrimônio com inúmeros ônus e bônus. Muitas vezes, eles estão em postos gerenciais responsáveis pela operação rotineira e não foram treinados ou estimulados a entender a estratégia e os riscos do negócio.

É muito comum que os pais optem por uma sucessão onde cada filho tenha um cargo na empresa, mas o saber do comando não é transmitido. Dá trabalho explicar os pormenores do negócio e também por não se ter um fórum para essas trocas.

A Governança Familiar é bem-vinda por criar um fórum adequado em que todas as questões-chaves são tratadas, e, assim, com o tempo, todos sabem a quem dirigir cada um dos desafios da família.

Frequentemente, quando um fato maior afeta a família, o clima fica confuso. Até a recomposição do núcleo que vai gerir os negócios deixa os familiares inseguros, receosos, sem saber ao certo para onde caminhar.

Mesmo após um momento de disrupção, a Governança Familiar poderá apoiar o restabelecimento do sistema, adaptando a metodologia para essa nova realidade.

Sucessão

Mais uma situação simbólica das famílias empresariais é a de decidir sobre sucessão: avaliar se tem ou não sucessores e, caso não os tenha, decidir os rumos do seu patrimônio. Uma opção pode ser a venda do negócio; outra é "como quero viver o hoje para, no futuro, ter minhas metas atingidas".

Temos que considerar que um patrimônio conquistado nesta geração ou recebido como um legado traz oportunidades, mas pode ser a transmissão de problemas e até de dívidas não suportáveis.

Se você, leitor, for um herdeiro presumido, não deixe de acompanhar de perto os desafios de sua família, pois no futuro isso lhe pertencerá e será necessário estruturar um pacto preventivo sobre a gestão do patrimônio.

As duas histórias a seguir exemplificam o que estou dizendo:

1.ª O irmão estudioso foi para a capital fazer a vida, tornou-se independente financeiramente, tendo bons empregos e sucesso na carreira. O outro irmão ficou próximo aos pais e seguiu estudos compatíveis para ajudar o negócio da família. Os dois vêm da mesma realidade.

Quando o pai falece, os filhos não alinham um pacto, e tudo vai sendo conduzido como sempre foi.

Os anos passam, os negócios crescem e o segundo irmão continua se dedicando aos negócios. O que mora na capital segue tocando sua vida.

Observe que faltou aqui, na ausência do pai, ambos criarem regras objetivas para que pudessem separar os negócios da propriedade. Os dois herdeiros poderiam receber rendimentos do patrimônio, e o irmão dedicado aos negócios da família, ganhar também pelo resultado do seu trabalho.

Após 20 anos, o resultado dos negócios pertence a todos os herdeiros. Mas, então, o irmão da cidade morre, e o que comanda os negócios não aceita a divisão do patrimônio com os herdeiros do falecido. Isso porque não só todo o patrimônio está vinculado aos negócios, como também porque não houve preparo para esse dia. Assim sendo, não há reservas necessárias para acertar a divisão.

Como resultado, perdas que não têm preço: a ruptura da família; o escalonamento do conflito, que agora caminha no judiciário e levará anos para ser concluído; e muito mal-estar entre todos.

2.ª Nosso segundo caso é desafiador e muito comum: a perda do sucessor.

Quantas famílias dedicam uma vida toda para que o filho seja seu sucessor e, de repente, ele decide por uma alternativa de carreira.

Também pode acontecer a morte do sucessor.

A não previsão de ausência dessa figura exige uma reestruturação radical do patrimônio da família e um novo pacto familiar. Agora, sem o sucessor, a família precisa planejar sua segurança e a preservação do patrimônio.

Conflitos clássicos nas famílias

No livro *Empresas Familiares – Seus Conflitos Clássicos e Como Lidar Com Eles*, os autores Grant Gordon e Nigel Nicholson indicam importantes sinais que alertam perigo à empresa familiar. Seguindo sua linha de raciocínio, farei comentários sobre esses indícios, que orientam a necessidade de um trabalho preventivo de solução de conflitos.

- **Mudança de comportamento**: a família é um sistema integrado. Qualquer alteração grave de comportamento de um membro afeta o sistema familiar como um todo e, possivelmente, também o patrimônio.
- **Injustiça sentida**: tal sentimento sempre provoca consequências, que podem surgir em momentos inesperados.
- **Erros**: a repetição de erros ou falhas causa o estresse dos outros membros da família.
- **Lacunas de comunicação**: disfunção nas comunicações oferece risco aos negócios.
- **Procrastinação**: a espera por decisões que não acontecem traz prejuízos e desentendimentos.
- **Desacordo a respeito de processos**: as pessoas se acomodam com seus hábitos e expectativas nas relações familiares e nas ações nos negócios.
- **Falta de consenso**: muitas vezes, quanto menor a importância, maior a dificuldade de um acordo.
- **Metas obscuras**: "quem não sabe para onde vai, qualquer caminho serve", *Alice no País das Maravilhas*.

- **Privilégios**: vantagens, benefícios e bens compartilhados não consensados trazem consequências.

- **Persistência**: a perpetuidade da geração mais velha limita a nova geração.

- **Nepotismo**: a contratação de familiares afeta o clima na empresa, refletindo também na família.

- **Ambiguidade de papéis**: é preciso clareza das responsabilidades na empresa dos membros da família.

- **Torre de marfim**: a ausência de apoiadores independentes predispõe um isolamento de risco aos gestores da família.

- **Desigualdade**: ausência de critérios de mérito e de equidade na remuneração tem um forte potencial de conflito.

- **Falta de planejamento**: a protelação de um plano de sucessão pode ser um forte risco para a família.

- **Ausência de diálogo aberto**: reuniões sem permissividade para o contraditório.

- **Instabilidade executiva**: indisposição de membros da família com profissionais contratados na empresa.

- **Fofocas**: comentários, às vezes injuriosos ou sem fundamento, afetam o clima de convivência.

- **Dissensão**: a formação de facções na família e consequente afastamento.

Como a metodologia da Governança Familiar funciona

Quando os vínculos familiares estão enfraquecidos, o conflito logo se instala. Por isso, o primeiro passo da Governança Familiar é fortalecer esse elo. Carregar o mesmo sobrenome não é coincidência, é um legado que nos faz ter coisas em comum.

Por meio de um método de questionamento, a governança facilita o fortalecimento dos vínculos. O treinamento para a implantação da metodologia de Governança Familiar aborda, nas reuniões grupais, questões como estas:

- Quem é essa família?

- De onde veio?
- Qual é sua história?
- Quais são seus fatos marcantes?
- Quais os maiores desafios enfrentados?

Cada membro da família é atendido em particular, uma prática que ajuda a se ouvir e a se descobrir. É interessante como a pessoa se surpreende com sua narrativa. Esse é um momento em que se estabelece uma relação de confiança com a Governança Familiar.

Às vezes, é possível expressar raiva, medo, tristeza, injustiça, baixa autoestima, não pertencimento, ciúmes, inveja. Nesse alinhamento de emoções, o protagonista passa a entender sua relação com a família, com o negócio e com ele mesmo.

Depois de abordar as questões de cada membro, a governança reúne o grupo. O sistema começa a se reconhecer e, em pouco tempo, descobre quais são os verdadeiros desafios a serem enfrentados. Questões que pareciam importantes perdem sentido. Tem início, assim, o pacto da família.

O passo seguinte é falar do futuro, para que os envolvidos percebam que é necessário entrar em acordo sobre muitas questões. Avaliam-se, então, os objetivos comuns, tanto os de maior como os de menor importância.

Dessa forma, no lugar de dizer o que deve ser feito, a Governança Familiar estimula a reflexão de todos, para que achem por si próprios a solução.

Quando todos se identificam e percebem que estão juntos, vivendo a mesma história, a família se torna o grupo de apoio mais forte que se pode ter.

Na sequência, fica claro que não importa a posição que se ocupe na empresa. O fundamental é fazer sentido e contribuir para o negócio. Os envolvidos fazem uma reflexão sobre como se organizarão para viver.

Com clareza de propósito, independentemente de ter uma renda ou patrimônio, pode ser que alguns herdeiros cheguem à conclusão de que não é preciso permanecer no empreendimento familiar.

Algumas famílias empresárias, nesse ponto do debate, resolvem até diversificar seus negócios, para que cada um siga fazendo o que acredita e confia, sozinho ou em parceria com os que têm afinidade. Sempre, claro, separando o que é patrimônio, negócio e relação familiar.

Outras famílias, no entanto, dão-se conta de que chegou o momento de vender ou fechar a empresa. Elas descobrem que acabou a paixão, que não se identificam mais com o negócio. Não é fácil encarar isso.

O encerramento de uma empresa familiar precisa estar muito bem respaldado. É um momento delicado, que envolve divisão de bens, advogados, contadores, além de emoções que podem resultar em explosões emocionais se a família não estiver alinhada.

A Governança Familiar apoia os membros para optarem por suas escolhas com liberdade, para terem suas próprias vidas. Com isso, os que preferem se desvincular da empresa o fazem com serenidade, sem se prejudicar, nem romper com a família. Afinal, estão saindo porque querem outra coisa.

Também cabe à Governança Familiar alertar sobre a importância de separar o que é patrimônio do que é negócio. Quanto mais cedo isso acontecer, melhor. É que, no afã de fazer a empresa crescer, é comum o empreendedor misturar seus bens pessoais nos negócios.

Geralmente, os demais membros da família não sabem e, quando isso vem à tona, costuma causar muita polêmica. Mesmo se o problema já estiver instalado, um agente neutro pode ajudar orientando em como diminuir os riscos. Essa luz no fim do túnel sempre restaura a calma na família e impulsiona o empreendedor a agir com mais clareza.

A atuação da Governança Familiar termina depois que todos leem e releem inúmeras vezes o que foi acordado, até chegar ao texto final.

Porém, quando uma nova geração se aproxima dos negócios, todas as empresas familiares passam pelo desafio de repactuar, reescrevendo suas regras do jogo. É preciso repensar, alinhar e conversar com as partes, pois trata-se de um novo momento.

Vale lembrar que durante o desenrolar da Governança Familiar são inúmeras as situações enfrentadas. Uma das mais comuns é a desconfiança entre os familiares, o que vai plantando a discordância no dia a dia da empresa.

Ao analisar a situação de cada um, pela ótica da Governança Familiar, mostra-se aos queixosos que equidade e igualdade são coisas distintas. Não deve haver diferença entre os membros da família; por outro lado, nem tudo precisa ser igual entre as partes.

O importante é haver transparência nas relações. Para isso, trazer a questão aos envolvidos é o caminho mais seguro para que haja uma decisão de comum acordo, evitando, assim, desavenças no futuro.

Aos que não participam ativamente do negócio, mas fazem parte dele, a governança aconselha que solicitem para quem está à frente da empresa prestação de contas periódicas. Caso contrário, se algo sair errado, a culpa também será deles, que deixaram as coisas correrem à vontade.

Portanto, conversar entre as partes é fundamental. Mesmo porque entrar numa briga jurídica é uma péssima decisão, que pode demorar décadas para chegar a um acordo. Além disso, se o conflito foi escalado, não há mais nada que a Governança Familiar possa fazer.

Como se vê, o processo de governança faz com que se compreendam as tomadas de decisão. Ele traz um ambiente harmônico para tais conversas. Com união, não há problema em discordar. Para jogar esse jogo, todos devem estar sempre no mesmo time. Só assim se consegue entender o patrimônio de forma compartilhada.

Tudo é feito com técnica e responsabilidade, para que os envolvidos se sintam seguros e satisfeitos. Na dinâmica de governança, quando o emocional está muito forte, por exemplo, muda-se o foco para o patrimônio. Se são as questões patrimoniais que estão aquecidas, desvia-se para o lado pessoal. Ao perceber temores particulares entre os membros, com muita habilidade a governança se aprofunda na origem do problema, mas sempre lidando com a realidade.

Mediação: um eficiente mecanismo de gestão de conflito

A Governança Familiar é o tratamento que deveria vir bem antes dos problemas se avolumarem na família e, por consequência, na empresa. O que é plenamente possível quando os familiares estabelecem mecanismos de comunicação.

Todos os envolvidos no negócio sabem o que os aborrece, mas a prática mais comum é ir relevando, e o que começou pequeno torna-se cada vez maior.

Quando o caos se instala nos conflitos da governança das empresas familiares, a mediação é uma eficiente ferramenta. Extremamente útil, o mecanismo promove a comunicação, gerencia aspectos emocionais e facilita a tomada de decisão focada na compatibilização dos interesses.

Seus métodos possibilitam uma investigação mais abrangente das necessidades dos envolvidos. Ao trabalhar com relações complexas e não binárias (legal/ilegal, formal/informal, bem/mal, herói/vilão, vítima/

ofensor, certo/errado) entre empresa e pessoa, o mediador incentiva a liberdade e o protagonismo, oferecendo soluções integrativas que abarcam ideais pessoais, familiares e corporativos. Assim sendo, é possível construir acordos sustentáveis.

No processo, por meio de uma visão sistêmica, as falhas vão sendo sanadas, criam-se opções em conjunto e organiza-se o planejamento, que passa a ser implementado sob o acompanhamento de todos.

Trata-se de uma forma rápida, econômica e eficaz de diminuir impactos na gestão da empresa, além de evitar a exposição pública do problema.

Para entender o que cada um quer e já começar a preparar o emocional, a mediação inicia seu trabalho com conversas individuais. A primeira providência é explicitar o conflito. Ocorre que muitas pessoas têm receio de falar sobre problemas em empresas familiares, preferem esquecê-los.

Assim, a mediação parte da identificação dos pontos a serem trabalhados. É uma dinâmica complicada, porque muitos não conseguem compreender exatamente o conflito, pois se atêm apenas na superfície das questões.

O passo seguinte também é complexo: juntar os envolvidos. Isso nem sempre é possível, pois muitos não querem se expor. Dessa maneira, é função do mediador mapear o que é relevante, desenvolver uma agenda de interesses e opções e, então, promover as negociações, com ou sem acordo.

Nesse processo decisório, a melhor saída pode estar fora do acordo. Apesar de o mediador ajudar na estruturação da solução, o conteúdo e as decisões são sempre das partes.

Como se vê, essa via, adequada para a solução dos conflitos das famílias empresárias, não só trabalha com aspectos jurídico-sucessórios como junta princípios da mediação empresarial (centrada na Governança Corporativa e na empresa) e da mediação familiar (voltada para a Governança Familiar e para a família).

Quando os sócios não são parentes, mas pelo tempo que estão juntos se consideram uma empresa familiar, muitos empresários têm recorrido exclusivamente ao serviço de mediação.

A taxa de êxito é alta. A identificação dos interesses de cada um, negociada com os demais, traz um sentido de pertencimento, que fortalece os envolvidos, estimula a solidariedade e garante a integração de seus elementos.

CAPÍTULO 6

Para a empresa familiar, o futuro é agora

Desde que o mundo é mundo, tudo se modifica. Para crescer, evoluir, se transformar, é preciso haver mudança. Nos negócios, a lógica não é diferente, mesmo quando se trata de empreendimentos familiares, os quais muitas vezes tendem a ser mais resistentes às inovações.

Grande parte dessa resistência vem do fato de que as famílias empresárias não têm por hábito fazer uma análise do período histórico no qual sua empresa está inserida. Por isso, antes de abrirmos as portas para o futuro neste capítulo, convém traçar um breve panorama do momento atual.

Quando pensamos na sociedade mundial em que vivemos, é preciso prestar atenção em alguns fatos.

- Um deles é a polarização, entre conservadores e esquerdistas. Pois saiba que, nessa briga de poder, quem vem ganhando espaço são os **metacapitalistas**, que com suas estruturas supragovernamentais, sutilmente, estão dominando cada vez mais mercados. Olhos atentos nesse movimento.

- Mas nem tudo está nas mãos dos poderosos. Um movimento ainda tímido, porém, que já mostra simpatia principalmente na Europa é a **valorização do pequeno** produtor, comerciante e fabricante. Essa volta às origens, em larga escala, pode frear o avanço dos metacapitalistas, que vivem às custas de empresas de médio porte, as quais, sem espaço para crescer, se veem obrigadas a vender seu negócio para eles ao preço que indicam. No Brasil, a ideia já começou a ser fomentada, uma alternativa a ser avaliada.

- Importante lembrar, ainda, que hoje vivemos a maior crise de informação de todos os tempos, e isso se deve ao avanço do grande advento chamado **internet**. Antes dessa revolucionária rede informática, utilizada para interligar computadores em nível mundial, tudo se desenvolvia pela ciência ou pela fé. Agora é diferente. Já não sabemos mais se os dados que nos chegam são reais ou fabricados. Por interesses variados e por meio de sistemas muito bem articulados, ciência e fé são manipuladas, dificultando o acesso à verdade e ao confiável. Cuidado para não cair na armadilha das informações tendenciosas.

- E quem está por trás da internet? São as **Big Techs**, grandes empresas de tecnologia que dominam o mercado. Poderosas, não só controlam a informação como também têm influenciado nos processos eleitorais e ditam o que consumir no mundo todo. Se hoje a internet parasse, haveria um colapso total. Ela tornou-se o grande sustentáculo deste século. Portanto, saiba tirar proveito da tecnologia. Sem ela nenhuma empresa evoluirá.

- Sim, a internet é a responsável pelo **crescimento exponencial** apresentado por muitas empresas. Isso ocorre devido ao cenário atual ser sensível, comportando-se como um tecido vivo. Até 1960, por exemplo, isso era impensável. Agora, qualquer coisa que se joga nessa trama tem uma reação forte, podendo alavancar ou contaminar todo um negócio. Uma empresa que tem uma proposta de valor contemporânea, mais segura e conveniente, ao expor tal informação no tecido social, consegue uma reação positiva imediata. Entretanto o contrário também acontece. Se alguém mal demitido denigre nas redes de relacionamento a imagem da empresa, essa pequena causa pode gerar um grande efeito desastroso. Como se vê, o crescimento exponencial é muito mais em função do tecido social do que apenas da empresa.

Agilidade, mobilidade, identidade, adaptabilidade, flexibilidade e sustentabilidade: os seis passos para o sucesso

Depois de olhar para fora, o empresário que almeja êxito nos negócios deve se ater ao seu próprio perfil. Quantas das características citadas neste intertítulo você e sua empresa têm ou estão desenvolvendo?

A sociedade sempre foi um sistema vivo. Só que, até alguns anos atrás, as mudanças eram lentas, o tempo não era relevante. Apenas se gerenciavam as coisas e as posições sociais. O que interessava era colocar em prática apenas o que já estivesse perfeito.

Porém, conforme o mundo cresce em número de habitantes e em tecnologia, as dinâmicas sociais ganham sensibilidade biológica e tudo começa a ficar mais rápido. Hoje, o mercado está aberto para empresas com rapidez de resposta às adversidades. Agora, vivemos tentativa e erro abertamente, o modelo bom é o que se tem.

Mas, para haver agilidade, é fundamental ter uma estrutura que permita identificar em cada momento o que é necessário e, aí sim, tocar para a frente. Rapidez tem tudo a ver com persistência.

Empresas que nascem hoje chegam com a naturalidade de viver bem na horizontal. Já as gerações anteriores se sentem mais confortáveis na verticalidade, isto é, na hierarquia. Quem é desse tempo quer saber quem manda nele, quem é que vai lhe dar um aumento, quem é que vai avaliá-lo. Olha-se somente para cima.

Os mais novos, ao contrário, estão interessados não somente em suas ambições pessoais, mas principalmente em empreendedores de referência no Brasil e no mundo, gente que faz sua cabeça. Dessa forma, a rigidez do passado não faz mais sentido. Agora, é preciso aprender a trabalhar em rede, o que pode ser um grande desafio para os mais velhos. Mas não tem outro jeito, mobilidade é a palavra da época. Tudo, o tempo todo, solicita movimento e agilidade.

Além da mobilidade, o futuro da empresa familiar também depende da clareza de identidade. É isso que fará a família empresária escolher corretamente seus investimentos. Se ela não tem noção do que é a vida e o mundo dos negócios, ficará para trás. Perante os gestores, sua imagem se tornará cada vez mais frágil, até desmoronar por completo.

A família que tem uma identidade atraente, que convida os seus jovens a trabalhar juntos, consegue enriquecer e fortalecer os negócios. Quando não há uma filosofia agregadora, só se pensa no interesse pessoal do dinheiro e, com isso, vai se fragmentando a personalidade da empresa.

Portanto, a regra de ouro é cultivar a identidade da família fundadora. Afinal, é ela que impacta no quanto de confiança o mercado tem na controladora do capital.

Um bom exemplo de que capital tem identidade são empresas familiares com ações na Bolsa de Valores. Num mercado turbulento, saber quem é o controlador do negócio faz toda a diferença. Pois é ele que vai dar segurança em relação ao futuro.

E não são apenas os acionistas. Também os consumidores preferem escolher empresas que têm uma individualidade clara.

A partir daí, vem a adaptabilidade e, assim, o caminho a ser trilhado se revela. Empresas antigas, que viveram num cenário estável, no qual o futuro era igual ao passado, não tinham necessidade de adaptação, simplesmente se mantinham fazendo o que sempre fizeram. O mundo contemporâneo é outro. O hoje tem a ver com o futuro, e o futuro tem a ver com identidade.

É essa filosofia que define o que será feito daqui para frente. Resumindo, identidade passou a ser uma questão prioritária. Sem ela é impossível ler o mercado, bem como ver dados que os concorrentes não veem.

Outro requisito dos tempos atuais nem é tão novo assim. Trata-se da flexibilidade, um atributo que há muito tem sido responsável pela sobrevivência do empreendedor familiar.

Afinal, o bom empresário é aquele que identifica um problema na sociedade e parte para a solução. Acontece que, quando isso ocorre, geralmente novos problemas surgem e, para ir se ajustando, só mesmo com flexibilidade, a qual engloba inovação e criação.

A diferença é que hoje a flexibilidade deve estar atrelada à história da própria empresa. Conseguir inovar honrando seu primeiro produto e o que já foi construído é o que manterá os empreendimentos vivos no futuro. Aqueles que não inovarem muito provavelmente serão ultrapassados por outras companhias, que virão e tomarão seu lugar.

O último passo dessa jornada de sucesso ainda está engatinhando no âmbito das empresas familiares, tanto brasileiras quanto globais: a sustentabilidade. Pesquisa recente da PwC Brasil (2022) revela que em nosso país, 47% dos empreendimentos com esse perfil acreditam ter a responsabilidade de combater as mudanças climáticas e suas consequências (50% no mundo). No entanto, apenas 44% afirmam que a sustentabilidade está no centro de tudo o que fazem (em comparação com 49% no mundo) e somente 39% têm uma estratégia de sustentabilidade desenvolvida e comunicada (37% no mundo).

Nesse ponto, as empresas familiares nacionais correm o risco de ficar para trás em relação aos Estados Unidos e a países da Ásia e da Europa. Mais engajadas nesse tema, essas companhias têm exposto seu compromisso de priorizar a sustentabilidade em suas estratégias. A mesma pesquisa aponta que cerca de 79% dos entrevistados na China continental e 78% no Japão relataram colocar a sustentabilidade no centro de tudo o que fazem. Nos Estados Unidos, 23%, e no Reino Unido, 39%.

Sinal de alerta há muito anunciado

Quando, no começo dos anos 1990, Herman Bryant Maynard Jr. e Susan E. Mehrtens lançaram o livro *A Quarta Onda – Os Negócios no século XXI*, eles já destacavam o porvir de uma época de transição para o mundo.

Os autores salientavam que, para que os negócios e a vida pessoal fossem proveitosos para cada um de nós e para o planeta, era imprescindível haver mudanças em relação ao tipo de liderança nas empresas.

A previsão da necessidade de administradores e chefes executivos com atitudes de administração global, que lutem pela queda de fronteiras entre a vida de trabalho e a vida privada para seus funcionários, faz todo sentido no cenário de hoje.

A seguir, reproduzimos alguns marcos de um mundo em mutação descritos pela dupla, os quais permanecem bastante atuais nas relações de negócios vividas hoje, em pleno 2023.

1. **Mudança de consciência.** Cada vez mais as pessoas percebem a si mesmas como criadoras ativas no desenvolvimento de sua própria realidade e confiam na sabedoria interior, buscando caminhos de crescimento individual e consciente.

2. **Democratização política e econômica.** O imperialismo político e econômico vigente há séculos passou a ser visto como ultrapassado. A pergunta é: será ele dividido?

3. **Além da nacionalidade.** O reconhecimento de que há uma interdependência entre todos e que a sobrevivência do planeta depende disso.

Quem também cantou a bola, 23 anos atrás, que as relações de trabalho precisavam ser revistas foi o sociólogo italiano Domenico De Masi. Em seu livro *O Ócio Criativo*, ele defende que nossa capacidade inventiva e melhor desempenho profissional estão intimamente ligados às atividades de lazer, ao contato com amigos e com entes queridos e ao descanso.

"Não entendo que ócio criativo seja o ato de não fazer nada. Não o vejo como preguiça. O ócio criativo é a plenitude do indivíduo integral, na qual se pode conciliar 3 coisas em nossas atividades: o trabalho, com o qual criamos a riqueza; o estudo, com o qual criamos o aprendizado e adquirimos o conhecimento; e o lazer, com o qual criamos a alegria e o bem-estar", explicou o sociólogo.

De Masi criou o conceito embasado na mais pura lógica. Diz ele: "Vivemos em uma sociedade pós-industrial, o que é algo muito bonito; pois compreendemos que as emoções são importantes, mas que a razão também é importante; e tanto a razão quanto as emoções são fundamentais. Isto porque razão mais emoção, é igual a criatividade. A criatividade é a síntese de razão e emoção. Reavaliamos o emocional e valorizamos a racionalidade. Conseguimos entender a importância de um e do outro. A racionalidade não deve prevalecer sobre o emocional e o emocional não deve prevalecer sobre a razão. A síntese de emotividade e racionalidade é a criatividade; a maior expressão do gênero humano."

Embora ainda muita gente pense que o ócio criativo é impraticável no mercado atual, várias empresas já dão sinais de que incentivá-lo em sua cultura organizacional faz os resultados crescerem. Alguns exemplos são companhias de tecnologia, que têm o chamado pensamento exponencial de crescimento e veem nos seus talentos o principal ativo da organização.

Para colocar em prática o conceito do ócio criativo, patrões e empregados podem começar redimensionando o papel do trabalho em sua rotina:

- **Combata o *overtime*.** Esticar a jornada de trabalho mina a criatividade e prejudica as emoções. Além disso, limita a convivência familiar — mesmo que se esteja trabalhando de casa, pois nesse caso o corpo estará presente, mas a mente estará focada em outra coisa.
- **Tente reduzir a jornada de trabalho.** Não só em horas, mas em dias da semana. E não se preocupe: mesmo não estando no escritório, as ideias continuarão a vir. Então se algo produtivo surgir, é só anotar e começar a atuar.
- **Determine alguns dias para *home office*.** Não é regra, mas a tendência é o trabalho render muito mais em menos horas, uma vez que em casa se é pouco interrompido por colegas e por pedidos externos. Maior concentração é mais um ponto a favor do *home office*. Mas cuidado para não prolongar a jornada além do tempo necessário.
- **Negocie a jornada por entrega.** Caso sua área de atuação permita, essa será uma das maiores mudanças rumo à prática do ócio criativo. Em vez de monitorar a produtividade por horas trabalhadas, passe a monitorá-la por entrega, ou seja, pela qualidade do trabalho executado. Isso permite que se alternem com mais liberdade as tarefas profissionais com as lúdicas e de estudo, que semeiam as ideias, ativam a criatividade e resultam em melhorias em todas as atividades.

Lições da pandemia

Se as mudanças necessárias ao mundo corporativo caminharam lentamente nas últimas décadas, tudo mudou a partir de 2020. Um fenômeno invisível, mas altamente poderoso, alterou a maneira de viver e de fazer negócio em todo planeta.

De fato, a pandemia da Covid-19 mexeu com nossas entranhas. Pelo lado pessoal, nos fez rever conceitos antes intocáveis e a reconsiderar posições e traços culturais, que por anos definiram nosso comportamento. E como as corporações têm por finalidade básica servir à sociedade, elas foram obrigadas a reavaliar suas diretrizes.

O vírus não atingiu apenas os humanos, contaminou também as empresas que, para resistirem a esse novo momento, precisaram olhar seus negócios de um outro forma. O caminho a seguir ainda não está definido, a não ser especulações, tentativas, ensaios e erros. Porém não há como questionar: a pandemia mostrou o quanto é necessário acelerar as mudanças corporativas com consciência global.

Descobrir um propósito, um objetivo que se identifique com seus consumidores, é um bom começo. Desde que este seja compartilhado com a família, a empresa, o fornecedor e o canal de distribuição. Todo mundo tem que estar na mesma sintonia. Afinal, no contexto atual, o lucro já não é mais o grande ditador. Hoje o que conta são as atitudes engajadas.

Não se trata de um novo normal, mas de um novo mundo, em que a dimensão do papel corporativo e da riqueza corporativa mudou. E não só isso, também a tecnologia, a liderança, a economia e o próprio negócio estão diferentes, mais receptivos para que as corporações possam atuar como administradoras globais.

Neste momento de grandes mudanças, dois fenômenos se destacam. Um deles é o crescimento das compras on-line; o outro, a consolidação do *home office*. E aí levanta-se outra questão: as empresas familiares estão preparadas para competir em tais modalidades?

O estudo *Webshoppers*, uma parceria das plataformas digitais Ebit/Nielsen e Bexs Banco, deixa clara a importância de se estar afinado com o comércio eletrônico. Ele afirma que a compra e venda de produtos pela internet cresceu 41% em 2020, com mais de 194 milhões de pedidos feitos por brasileiros no ano. Impulsionadas pela pandemia de Covid-19, as vendas feitas por corporações que souberam atualizar seus canais com os consumidores somaram cerca de R$ 87,4 bilhões no período.

Sem dúvida, a população brasileira descobriu no *e-commerce* uma opção de compra acessível e cômoda, preferência que não tem volta.

Outra alteração significativa, aconteceu no ambiente de trabalho. O medo da contaminação viral impulsionou o evento do *home office*, sem que estivéssemos preparados para tal. Até então, quando permanecíamos na empresa, nossa identidade estava voltada para ela. Quando regressávamos à casa, era com a família que nos preocupávamos.

Só que agora, está tudo misturado, o que faz com que percamos a clareza de quem somos nesse novo cenário. Alguns mais, outros menos, sofrem com quadros de ansiedade e de depressão, mas tudo é questão de adaptação e de reconhecimento de que o hoje não é mais como o ontem.

Acredita-se que, no tocante a funções administrativas e de suporte operacional, trabalhar de casa é uma modalidade que chegou para ficar. Devido ao resultado positivo da experiência forçada pela pandemia, muitas empresas já estão praticando expedientes híbridos, nos quais as idas ao escritório são compartilhadas com o trabalho remoto.

Além da aprovação dos próprios funcionários, um forte motivo impulsiona as companhias a seguirem por esse caminho: redução de custos em relação a despesas, tais como serviços terceirizados, contas de luz, água e telefone, materiais de escritório, entre outros.

Evidentemente, a mudança pede um realinhamento na relação trabalhista, como maior flexibilização de horário, de modo que as pessoas ajustem sua rotina no que for necessário, bem como plataformas tecnológicas que ajudem a manter o engajamento.

Fora da tecnologia não há crescimento

Que a tecnologia traz benefícios para a vida contemporânea nos mais diversos campos e áreas, ninguém duvida. Entretanto a Pesquisa Global de Empresas Familiares 2021, da PwC Brasil, divulgou uma realidade preocupante: somente 28% dessas empresas brasileiras acreditam ter fortes recursos digitais e 32% afirmam que eles não são prioridade, em comparação com a média global de 38% e 29%, respectivamente.

Um perigo, pois há sinais claros de que, no mundo corporativo, ter foco na tecnologia confere agilidade e sucesso. A mesma pesquisa cita que 71% das empresas nacionais com fortes recursos digitais tiveram crescimento pré-Covid, em comparação com 60% para as empresas que não se preocuparam com isso.

Realmente, são muitas as vantagens ligadas ao uso de boas tecnologias. Elas não só permitem um negócio mais moderno, preciso e ágil, como garantem que os funcionários tenham melhores carreiras e que os clientes sejam atendidos com eficiência. Em outras palavras, gera benefícios para todas as partes interessadas.

A seguir, listamos 12 motivos reveladores da importância da tecnologia nas organizações:

1. Redução de custos

A tecnologia ajuda muito na organização das finanças, dando mais visibilidade a todos os gastos da empresa. Com isso, é possível checar em quais áreas é viável cortar excessos e realocar recursos. Um bom sistema de gestão financeira permite a identificação de gastos excessivos com matéria-prima e a visualização de desperdícios. A automatização de tarefas é uma consequência da implantação da tecnologia e, também, uma ajuda à economia da empresa.

2. Aumento da produtividade

Aumentar a receita obtida é um dos grandes desafios para o empresário moderno. À medida que a produtividade cresce, torna-se possível entregar mais com a mesma base de recursos (ou até com menos). E aí a tecnologia traz grandes ganhos, reduzindo, às vezes eliminando, a necessidade de controles manuais. Ela também permite padronizar processos, garantindo que o desvio de padrão dos fluxos de trabalho seja mínimo. Dessa forma, amortiza a incidência de erros e a necessidade de retrabalhos, diminuindo o tempo de produção. Até os profissionais são beneficiados, pois podem experimentar mais segurança ao longo do expediente e fazer entregas mais precisas.

3. Otimização e automação de processos

Tarefas repetitivas afetam o engajamento dos funcionários. Ao exercerem trabalhos mais desafiadores, eles conseguem ajudar a empresa demonstrando outras habilidades. A automação de processos torna o trabalho mais rápido e eficiente e libera os funcionários para tarefas estratégicas, que exigem raciocínio. O capital humano será bem melhor aproveitado.

4. Aumento do controle de qualidade

O uso da tecnologia é essencial para manter o controle de qualidade. No atendimento ao cliente, um bom software é capaz de organizar e gerenciar as informações, dando um quadro completo do histórico do consumidor e permitindo atendimento mais personalizado e satisfatório. Além disso, a tecnologia facilita a análise de grandes volumes de dados, no intuito de identificar gargalos que necessitam de correção. Assim, passo a passo, torna-se possível melhorar e entregar resultados consistentes.

5. Melhoria da gestão de talentos

O uso de um software é capaz de automatizar toda a gestão de pessoas de uma empresa, desde o controle do rendimento dos vendedores até a administração das competências e habilidades dos funcionários. Com essa tecnologia, é possível fazer contratações mais voltadas ao objetivo corporativo, acompanhar o desempenho e manter boas práticas de remuneração, otimizando o trabalho do RH e trazendo retorno para a organização. Entre outras implicações positivas, torna-se possível, por exemplo, reter um maior número de talentos, aumentar a lealdade ao empreendimento e reduzir o absenteísmo das equipes.

6. Otimização da tomada de decisão diária

Boas tecnologias fornecem mais informações aos gestores, garantindo que tenham dados suficientes para reduzir a margem de erro e tomar decisões mais precisas. Isso tem um grande impacto na saúde do negócio, bem como na sua longevidade.

7. Melhoria da comunicação interna

À medida que profissionais e líderes se comunicam bem, podem trabalhar com alinhamento conjunto e aderência aos objetivos da empresa. Uma boa tecnologia serve como um poderoso canal de comunicação, gerando fluidez ao que é dito e levando a mensagem do emissor até o receptor. Outro ponto importante é que a tecnologia facilita a comunicação tanto no sentido horizontal (entre colegas de trabalho) quanto no vertical (entre líderes, superiores e liderados).

8. Otimização dos pontos de contato com cliente

É necessário que cada ponto de contato entre cliente e empresa seja agradável, fluido e preciso. O correto uso da tecnologia garante uma experiência melhor ao consumidor que, ao tornar-se mais satisfeito, pode até agir como um promotor da marca, recomendando-a para os demais.

9. Crescimento da força de vendas

A tecnologia apresenta soluções de ponta para que toda empresa consiga suprir as demandas latentes do mercado. Entre elas, softwares que analisam seus dados de vendas para identificar potenciais entraves e sugerir melhorias específicas. Eles também têm a capacidade de monitorar o desempenho dos vendedores, avaliando suas métricas diárias, muito útil para identificar pontos fracos a corrigir, bem como configurar equipes mais eficazes.

10. Promove mais mobilidade diária

O atual mundo está em constante movimento, por isso as empresas não podem mais se "enraizar"; precisam ser móveis. Muitos softwares utilizam o chamado *cloud computing*, permitindo acessar seus dados de qualquer lugar por meio da nuvem, sem necessidade de uma boa conexão com a internet para isso. Sendo assim, um gestor não precisa estar dentro da empresa para analisar informações sobre o negócio. Pode fazer isso de casa, em seu smartphone pessoal.

11. Subsidia o processo de transformação digital

Hoje vivemos a quarta revolução industrial, também conhecida como indústria 4.0. O movimento refere-se a uma humanidade dotada de mais conectividade, algoritmos sofisticados e máquinas inteligentes. Essa transformação digital não é uma opção às empresas, é uma obrigação para não entrar em uma rota para o insucesso. Apenas com boas ferramentas tecnológicas, é possível manter o empreendimento suficientemente moderno, capaz de seguir os contornos da mudança digital e, por que não, ditar transformações.

12. Permite a criação de modelos de negócios mais flexíveis

A tecnologia gerou mais maleabilidade na criação de modelos de negócios. Hoje, é possível monetizar por meio de inúmeros canais, se relacionar com clientes de diversas formas e entregar os produtos vendidos por variados meios. Essa flexibilização do modelo de negócio permite a criação de uma empresa mais customizada, pensada para suprir as necessidades e os desejos do público-alvo. Isso beneficia a empresa e gera vantagens aos clientes finais.

***

Para absorver todas essas mudanças e alcançar uma adaptação rápida, é importante que empresa e funcionários estejam preparados. O ideal é que a ambientação seja feita de maneira orientada e cautelosa. Um dos pilares é a implantação de uma cultura organizacional que favoreça a inovação e estimule a adesão a ferramentas diferentes e ao surgimento de novas ideias e soluções.

Casos clássicos de empresas que não souberam se adaptar aos novos rumos dos negócios

Dominadoras de mercado, com marcas fortes, conhecidas por todos nós, as corporações aqui listadas surpreenderam muita gente com seu declínio. Algumas faliram, outras encolheram de tamanho. O que faz gigantes como essas sofrerem reveses tão drásticos?

- **Atari:** quem era jovem no início da década de 1980 conhece muito bem esse nome. A companhia superaqueceu o mercado de videogames, tendo até que enterrar, literalmente, milhares de fitas não vendidas e arcar com o prejuízo. A questão é que a Atari ganhou fama de produzir produtos de qualidade questionável. Assim, quando o mercado se recuperou, empresas mais inovadoras tomaram a liderança, entre elas a Nintendo. Mesmo com todo o esforço, seus videogames nunca mais atraíram tanta gente. Depois de duas falências, hoje a marca está em outras mãos.

- **Blockbuster:** a companhia dominava o aluguel de DVDs, com uma clientela fiel e assídua; no entanto, morreu em pouquíssimos anos. Com a chegada do serviço de *streaming* em demanda e com a proliferação cruel da pirataria, as pessoas deixaram de alugar filmes. Aí veio a grande oportunidade de a Blockbuster dar a volta por cima: em 2000 ela teve todas as chances de comprar a Netflix, mas não o fez. Preferiu focar as forças em ser a melhor varejista. Depois de patinar por anos, em 2013 a empresa faliu.

- **Kodak:** eis aqui um bom exemplo de que não basta inovar uma vez: precisa também seguir a inovação. Na década de 1970, quando a empresa era dona de 80% da venda de câmeras e de 90% de filmes fotográficos, ela lançou um revolucionário produto que, por ironia, seria a causa de sua falência. Estamos falando da câmera digital. Prevendo que a invenção iria prejudicar o negócio de filmes, seus executivos engavetaram a tecnologia. Para surpresa deles, duas décadas depois as câmeras digitais invadiam o mercado e quebraram a companhia. A Kodak tentou sobreviver relançando suas câmeras digitais, mas era tarde demais. A falência foi decretada em 2012. Embora, até hoje, a marca continue com algumas iniciativas interessantes, nunca mais recuperou seu prestígio.

- **MySpace:** fundada em 2003, logo se destacou por apostar na ideia de que as pessoas queriam se conectar com outras ao redor do mundo, dividir fotos e demais mídias. Um ano se passou sem que a empresa inovasse em sua proposta. E nem deu tempo. Em 2004 surgiu o Facebook, que com suas inúmeras novas funcionalidades deixou a concorrente lá para trás.

- **Xerox:** envolvida na criação de várias tecnologias que usamos hoje, seu nome está atrelado a computadores, impressão a laser, desktop, interfaces gráficas, mouse e muito mais. Infelizmente, ela mesma pouco aproveitou de suas próprias invenções, culminando no que a Xerox é hoje: uma companhia que vale bem menos do que duas décadas atrás. Fica a lição: não adianta ter um time de inovação dentro da sua empresa, criando coisas sensacionais. Inovação também é gestão. Pouco importa ter os melhores inovadores na companhia se seus gerentes não conseguem implementar essas inovações para o mercado.

- **Yahoo!:** o que levou para o buraco o maior portal de internet do mundo, que em 2005 valia US$ 125 bilhões, foi o posicionamento da companhia e a falta de inovação. Para começar, eles poderiam ter sido o melhor portal de pesquisa da internet, mas optaram por ser um portal de mídia. Não quiseram comprar o Google pela bagatela de US$ 1 milhão, quando a atual empresa mais valiosa do mundo era apenas uma *startup*. Em 2008, já enfrentando a decadência, rejeitaram a proposta de compra de US$ 44,6 bilhões feita pela Microsoft. Conclusão, em 2016 se viram obrigados a vender seus ativos para a Verizon, por ínfimos US$ 4,8 bilhões.

Ao contrário das empresas acima mencionadas, a companhia sobre a qual iremos conhecer sua trajetória soube detectar muito bem os meandros do mercado. Não é por acaso que seu nome é referência nacional no mundo dos negócios.

***

Breton: empreendedorismo com filosofia

Completando, em 2023, seus 56 anos, a Breton tem muito a comemorar. Em pouco mais de meia década, posicionou-se no mercado de móveis nacional e internacional como uma marca de produtos de qualidade, de design inovador e comprometidos com o bem-estar do cliente e do planeta.

Seu fundador foi Judel Rivkind, que em 1948, deixou a Letônia. Fugindo da guerra e dos campos de concentração, o jovem judeu chegou a São Paulo somente com a roupa do corpo. Como todo imigrante, foi construindo aos poucos sua história na nova pátria. Em 31 de outubro de 1949, casou-se com a polonesa Sara e com ela teve quatro filhos: Breno, Hilton, Isaac e Marcel.

Já bem estabelecido, em 1955 Judel realiza seu grande sonho: a abertura de uma revenda de móveis. No bairro de Santana, a loja ganhou o nome de Isamar, iniciais dos filhos Isaac e Marcel. Satisfeito com o progresso do negócio, em 2 de agosto de 1967 inaugura outra loja. Dessa vez, com o nome Breton, uma junção das abreviaturas dos filhos Breno e Hilton.

Breno assumiu, junto com o pai, a Isamar, permanecendo até 1987, quando a loja fechou. Já Hilton seguiu a carreira aeronáutica e Isaac formou-se em Medicina. Marcel chegou à Breton em 1984 e, com ele, tem início a grande virada da marca.

Inauguração da primeira loja Breton, em 1967.

Uma nova percepção de mercado

A data de estreia de Marcel nos negócios da família coincidiu com a inauguração do Lar Center, o primeiro shopping paulista especializado em decoração. Para o jovem, era uma grande oportunidade de alavancar a loja; para o pai, o investimento pesado assustava. Mas Marcel argumentou, convenceu, e o sucesso veio rápido.

Expostos em ambientes decorados, os móveis se valorizavam e o público tinha uma ideia melhor de como ficariam em sua casa. O bom resultado da Breton do Lar Center incentivou a abertura, em 2000, de uma nova loja no Shopping D&D e, em 2001, na Alameda Gabriel Monteiro da Silva.

Fachada da loja da Alameda Gabriel Monteiro da Silva, aberta ao público em 2001.

Outra iniciativa inovadora de Marcel foi criar uma fábrica para produzir móveis que eles não encontravam no mercado. O negócio prosperou, várias peças foram desenvolvidas, porém, aos poucos, a fabricação desacelerou. Hoje, 25% do que a Breton vende tem produção própria. Os 75% restantes vêm de fornecedores e parceiros, que assinam contrato de exclusividade válido internacionalmente.

Com a morte do pai, em 2003, Marcel, ao lado da esposa, Anette, que já trabalhava com ele na área de relacionamento e produto, assume sozinho a Breton e a empresa deslancha ainda mais.

Para compor a equipe, ele chama sua filha Fabiana para assumir o financeiro. Cinco anos depois, chega sua outra filha, Gisele, que desde então é responsável pelo marketing. O filho André, estudante de Medicina, demorou mais. Até que em 2012, no último ano de residência, ele resolveu desistir e seguir os passos das irmãs. Começou no financeiro com Fabiana, que a essa altura já tinha assumido também o RH e a parte de inovação. Depois, passou a responder pela fábrica e pelas franquias, e, desde 2019, está como CEO da empresa. Marcel, agora, é o presidente do conselho.

Maturidade emocional e profissional

A entrada escalonada dos filhos foi um processo natural, tranquilo e agregador. Fabiana passou a atuar próximo das funções do pai, e Gisele, da mãe. Quando André chegou, havia necessidade de alguém da família supervisionar a fábrica e atuar junto ao diretor de operações. Portanto, sempre houve espaço para a terceira geração. Todas as escolhas foram boas para os três filhos e para Marcel, que já não queria mais atuar como presidente da empresa.

A vinda dos mais jovens também agregou novos valores à marca. Um deles é o compromisso com a sustentabilidade. Foram criados programas, como o que cuida do uso dos resíduos, e o "Meu metro quadrado". Este último, a cada pedido fechado com a Breton, a empresa recupera um metro quadrado de Mata Atlântica, com acompanhamento do plantio ao crescimento das árvores.

A filosofia, porém, vai mais além. Hoje, em toda empresa não há mais copos de plástico, o uso de papel foi reduzido em todos os departamentos, e a preferência é por matérias-primas amigas do meio ambiente. Na entrega dos móveis, nenhum resíduo fica na casa do cliente. Papelão, plástico e embalagens são retirados e vendidos para firmas de reciclagem. Até o pó e a serragem têm reaproveitamento, nada vai para o lixo. É um valor de fato para a empresa, não apenas um discurso vazio. Uma Breton humanizada é o pensamento alinhado entre todos que nela trabalham.

As franquias também cresceram nessa nova gestão, resultando numa franca expansão da marca. Atualmente, a Breton está presente em Salvador, Roraima, Manaus e São José dos Campos e Campinas, ambas interior de São Paulo. Em breve espera-se inaugurar unidades em Cuiabá, Balneário Camboriú e Porto Alegre. O sucesso é garantido, pois os franqueados são sempre da área, o que afiança bom relacionamento com arquitetos e público final.

Monitorando mercados

Antenados com os rumos do setor moveleiro mundial, sua equipe de criação é forte não só no desenvolvimento de produtos, como no layout das lojas. Por meio de estudos e mapeamento de clientes, todas as unidades estão preparadas para atender diferentes perfis de consumidor, desde quem vai montar sua primeira casa, passando por famílias que estão crescendo, até casais maduros que querem mudar de ares com a saída dos filhos.

Isso fica evidente na diversidade de suas linhas, podendo-se ver propostas premium e outras mais casuais. E tudo ainda com a vantagem da customização. Todas as peças são feitas no tamanho e acabamento desejados pelo cliente.

Estar à frente das tendências virou marca registrada da Breton, e grande parte disso se deve ao investimento em tecnologia e inovação, sistemas que automatizam os processos, gerando rapidez. Tal agilidade repercute, inclusive, no serviço ao cliente, que se sente mais bem atendido e seguro por estar adquirindo produtos que aliam design, qualidade e custo-benefício.

Entre os motivos do êxito da Breton, a sintonia da família se destaca. Tudo é resolvido em comitês, nos quais os cinco envolvidos opinam, debatem e chegam a um acordo. Claro que há momentos de discórdia, mas ficam na empresa, jamais avançam para o âmbito das relações pessoais. Essa sinergia demonstra o quanto eles estão organizados para prosperarem juntos. Além disso, somente herdeiros diretos atuam na empresa, não há genros, noras ou netos ocupando cargos de responsabilidade no negócio. Apenas os diretores de estilo e de operações são profissionais contratados. Isso, sem dúvida, facilita o andamento.

Outra característica dos donos da Breton é a seriedade em gerir o seu cargo. Todos são muito conscientes de que, se surgir a necessidade de contratar alguém mais eficiente para ocupar seu lugar, ou de chamar uma consultoria, isso será feito.

Pais e filhos estão sempre procurando os melhores do mercado para atuar junto deles. Já foi o tempo em que a família fazia questão de cuidar de tudo. Com o crescimento da empresa, pessoas de fora, com competência comprovada, foram agregadas e ganharam autonomia para mostrar resultado. Existe um entrosamento muito forte nesse sentido. Há sete anos, por exemplo, um diretor de estilo foi contratado e com ele veio o incentivo de valorizar o design brasileiro. Desde então, várias linhas são assinadas por seus criadores.

A visão de futuro da Breton está traçada. Mais do que gerar lucro, a empresa está preparada para seu papel na sociedade. O cuidado que ela vem tendo com o meio ambiente demonstra o quanto são responsáveis pela preservação da natureza, de onde sai sua principal matéria-prima: a madeira.

Sem dúvida, a Breton é um exemplo de empresa familiar que está dando certo. Os cinco sócios se mantêm muito presentes no dia a dia da empresa. Todos sabem exatamente o que acontece e cumprem à risca os combinados.

São eles hoje que fazem o sucesso da Breton: ao centro, os pais, Marcel e Anette Rivkind, à direita e esquerda, os filhos Giselle Fichmann, Fabiana Feferbaum e André Rivkind.

ENCERRAMENTO

Pode ser ousadia de minha parte tocar em tantos pontos nevrálgicos das famílias empresárias, mas os problemas existem e estão aí para todo mundo ver. Eu não poderia compactuar com os negacionistas, os quais preferem permanecer profundamente mergulhados em tradições que não fazem mais sentido no novo mundo dos negócios, mundo este já a pleno vapor.

Ao elaborar o conteúdo desta obra, parti de minha história pessoal, a qual me despertou a possibilidade de uma visão macro do contexto. Impossível, então, deixar de fora a força motriz das famílias de imigrantes, que aqui chegaram no final do século 19, e iniciaram um novo capítulo na economia brasileira.

Por meio de meu método de governança familiar procuro alertar que somente com a união da família, agindo como um time, é possível enfrentar e se adaptar ao novo mundo.

Fiz questão, ainda, de trazer exemplos vivos, relatando histórias de empresas familiares que souberam, de forma intuitiva ou com meu suporte profissional, encontrar o caminho para se firmar no momento atual.

Tenho a esperança de que minha abordagem o leve a pensar, a questionar e a se dar conta de como as empresas precisam agir daqui para a frente, caso queiram sobreviver como corporações atuantes, colaborativas e inclusivas.

Que este livro possa ajudar você nas tomadas de decisões, sem que o desconhecimento do legado familiar nem o apego a cargos e posições interfiram em suas atitudes. O medo de inovar é saudável, afinal é ele que nos dá limites. Sem esse sentimento, a sociedade não andaria para a frente. Mas se não quisermos repetir os erros do passado, temos que aprender com ele.

Parafraseando o consultor estrategista de negócios Ricardo Guimarães, evolução é um sistema vivo em que de repente o ambiente muda e é necessário desenvolver competências para se adaptar ao novo cenário.

BOA JORNADA!

BIBLIOGRAFIA

CALDEIRA, J. *História da riqueza no Brasil*. 2017. Editora Estação Brasil.

DAVIS, John, A.; SINANIS, Maria; COLLETTE, C. *Os segredos das famílias empreendedoras: o que pode impulsionar o sucesso dos negócios na próxima geração*. 2020. Alta Books.

DE MASI, D. *O ócio criativo*. 2001. Sextante Editora.

FREZATTI, F; BIDO, D. de S.; MUCCI, D. M.; BECK, F. *Estágios do ciclo de vida e perfil de empresas familiares brasileiras*. 2017. RAE-Revista de Administração de Empresas, FGV, São Paulo.

GERSICK, Kelin, E.; DAVIS, John, A.; HAMPTON, Marion; LANSBERG, I. *Generation to Generation: Life cycles of the Family business*. 1997. Harvard Business Press, Boston, EUA.

GORDON, G.; NICHOLSON, E. *Empresas Familiares - Seus Conflitos clássicos e como lidar com eles*. 2019. Disal Editora.

MAGLDI, S.; SALIB, José N. *Gestão do Amanhã: Tudo o que você precisa saber sobre gestão, inovação e liderança para vencer na 4ª Revolução Industrial*. 2018. Gente Editora.

MARTINS, I. G. da S.; MENESES, P. L.; BERNHOEFT, R. *Empresas Familiares Brasileiras: perfil e perspectivas*. 1999. Editora Negócio.

MASLOW, Abraham H. *A Theory of Human Motivation*. 1943. Tradução revista e revisada, site da Biblioteca Virtual do Conselho Regional de Administração do Rio de Janeiro.

MAYNARD, H. B. Jr; MEHRTENS, Susan E. *A quarta onda – Os negócios no século XXI*. 1993. Editora Cultrix.

PEÑA, Cláudio F.; JUENEMANN, R. *Empresas Familiares. Como Salvar ou Destruir? Casos Práticos Sob a Análise da Governança Corporativa*. 2019. AGE Editora.

VRIES, Manfred F. Hets de; CARLOCK, Rangel S.; FLORENT-TREACY, Elizabeth. *A Empresa Familiar no Divã – Uma perspectiva psicológica*. 2001. Bookman.